普通のダンナがなぜ見つからない？

はじめに

元戦略コンサルタントが婚活ビジネスに入ったわけ

２００８年のリーマンショック直後、私は人減らし真っ最中の外資金融機関に勤めていた。当時私は40歳になったばかり。世間で言う「不惑」のはずなのに、人生むしろ惑うことが増えるばかりだった。周囲にはビジネスそっちのけで自分の身を守ることに汲々としている人も。地位や収入を守るためだけでいいのか……。そんな葛藤に悩む中、かつての銀行の同期で、結婚情報サービス大手・オーネットの社長と話す機会があった。

正直なところ、金融や外資系コンサルティング業界でキャリアをつんできた私にとって、超ドメスティックな婚活ビジネスは、それまでなんの縁もなく、当然まったくの門外漢である。

にもかかわらず、私は、彼の話を聞いて右脳を直撃された。

「これって、ビジネスが伸びることがすなわち社会貢献になる数少ないビジネスなのでは？　しかも、自分の身の周りを見渡してもアンメットニーズ（まだ満たされていない潜在的ニーズ）だらけで、それを満足させるプレイヤーも見当たらない！　これは面白そうだ」

次の瞬間には「婚活」ビジネスに飛び込むことを決めていた。

実際、このビジネスの真っ只中に身をおくようになって改めて思うのは、意外にも、〝婚活〟は元戦略コンサルタントとしての付加価値が出せる分野なのである。

コンサルタントという職業は、平たく言うと、数字と、ファクトと、ちょっとしつこく考えることによって、最適な解を導き出す仕事である。そして、悩めるクライアントに向けて、パワーポイントやグラフ、チャートを駆使して図解化し、目に見える形で示すことで、腹に落としてあげたり、ときには〝目からウロコ体験〟を提供し、行動やビジネスを変えていく触媒役としてお役に立つ。

婚活ビジネスに入って以来、婚活に悩める方たちに向けてセミナーや講演会を100回以上、延べ数千人の方に向けて行ってきたが、みなさん「恋愛」や「結婚」は、自分だけに特別なこと、パーソナルなもの、と捉えているケースが非常に多い。が、多くの方に接していると実はその悩みや先入観は99％までみな同じものであるということがわかってくる。また、「何となくおかしい」と独身の方たちが思っていることも、丹念に数字やデータを拾っていくことでその理由が見えるようになる。また、逆に独身の方の考えていることや良かれと思ってしている努力がまるであさっての方向を向いているものがけっこうあることもわかる。

これは、コンサルタントがクライアント企業に行って出くわす場面とよく似ている。プロジェクトの始まりの段階で、社歴の長い経営陣や管理職に話を聞くと、「あのね、この業界は特殊だからね……」、「この地域は、他とは違って××なんですよ……」と、その企業の独自性を並べ立てられることがままある。

複数の企業で仕事を経験しているコンサルタント側から見ると、細かい差はあっても無視できるレベルで、結局悩みはみな同じようなもの。そこで、共通項や汎用性のある部分は共通解を用い、個別性の強いところだけその企業にカスタマイズしていく。

「きっとこうだ」ということを数字で裏付けたり、「昔からこうやってるから」という業界の常識をデータと分析でバッサリ切ることもあるのがコンサルタントの流儀であり、付加価値である。

さて、この本のタイトル「普通のダンナがなぜ見つからない？」も、婚活に悩む女性の99％が言うフレーズ。読者にも、思い当たる方が多いのではないだろうか。

しかし、彼女ら、彼らは、日常生活の中ではあまり突っ込んだ会話をしていない。

「こんなことがあった」「あんな目にあった」「ありえなくない!?」

「なんで普通の男ですら、こんなにいないの」

「キレイでおしとやかな女性がアラサー、アラフォーで独身のままなのに」

「いい男は、なぜかみんな早婚よね」

「私たちを相手にしないなんて、男は見る目がない！」

「決して高望みしてないのに……」

現象面だけをあげておしゃべりしているだけで、その本質に切り込んでいくような会話はしていない。ましてや男性同士ではそもそもの恋愛や結婚にまつわる会話すらほぼ皆無である。

が、どんな現象も、そうなるには必ず何かしらの理由がある。解決策は、あるのだ。

女子会で思いつくままにおしゃべりし、共感しあっているのは楽しいが、それだけでは事実を正しく認識し、戦略を立てることはできない。もし立てたとしても、自分が納得して理解していなければ、実行性が伴わず、ちょっとうまくいかないとすぐにあきらめたり他の道に逃げ込んだりする。

そこでコンサルタントの出番である。

たとえば、この「なぜ普通のダンナが見つからないのか」という疑問。コンサルタント的アプローチで事実を認識すれば、これは、不思議でも何でもないのである。「普通のダンナが見つかる確率」は、ちょっと試算するだけで、0.8%という数字が導き出せるからである。

「えっ」と驚かれた方、これから本書を読みながら、コンサルタント的思考を学び、一緒に考えていってほしい。

まずは、Ｓｔｅｐ1の現状認識篇で、今、婚活マーケットがどうなっているかをファクトと数字で紹介し、Ｓｔｅｐ2では、その「ホラー」な事実を知った上で、戦略的にどう行動すればいいのかの解を提示していきたいと思う。

Step 2 実践篇 問題解決のヒント 97

イラストレーション　**平松昭子**
装丁　**鶴丈二**
図表・DTP制作　**エヴリ・シンク**

Step 1

現状認識篇　婚活マーケットのホラーな数字

01

「普通の人でいいのに……」の普通の人は、0.8%しかいない。

「普通」のワナ

では手始めに、女子会でよく聞かれるフレーズ、「普通の男性でいいのに見つからない……」に、コンサルタント的アプローチで切り込んでいってみよう。

実は、この「普通」には、いくつもの「普通」が重なり合っているのである。

たとえば、

・普通に会話ができる
・普通のルックス
・普通の身長
・普通に清潔感がある
・普通のファッションセンス
・普通の学歴
・普通の年収……

まだまだ出そうだが、いったんここまでで止めてみよう。

一つ一つが「普通」というからには確率50％とする。ところが、この条件すべてを満たす人ということになると、

会話普通50％×ルックス普通50％×身長普通50％×清潔感普通50％

×ファッションセンス普通50％×学歴普通50％×年収普通50％≒0.8％

なんと、すべての普通を同時に満たす人は100人に1人もいないといううすら寒い結果になるのである。

たしかにそれぞれの条件では決して高望みはしていない。しかし、女性が言う「普通」とは、通常、いくつもの項目の普通を「同時に」満たすことを求めている。つまり、0.8％の確率を追い求めているわけである。

意識調査でよくある〝結婚しない理由〟のナンバーワン、「適当な相手に巡り会わないから」も同じである。〝適当な〟という言葉には、たくさんの〝普通〟が潜りこんでいるのだ。

「普通の相手でいいのに……」と同じように、何となく女性がぼやいているつぶやきはたくさんある。

「誰か、いい人いないでしょうか？」

「いまさら、妥協なんてできないよね」

「生活水準、下げたくない」

「価値観の合う人がいいな」

「自然体でいられる人が一番かな。笑いのツボが同じとか」……


こうしたつぶやきは、容易には答えが出ないので、思考がそこで停まってしまう。こういう言葉を、私が教えるグロービス経営大学院のクラスでは、「思考停止ワード」と呼ぶ。

思考停止ワードを突き詰める

代表的なものをいくつか、「思考停止」することなく、もう少し掘り込んで考えてみよう。

「誰か、いい人いませんか？」。これもしばしば耳にするし、それでいてとても厄介な言葉。独身の方本人が言うこともあるし、親御さんやきょうだい、親しい友人が言うこともある。共通なのは、口にする人は具体的に「何がいい」と表現できないか、あるいはこれまた、たくさんの条件を思いつくままに列挙するか、である。

自分にとって「いい人」はどんな人なのか。具体的に現実にいる人間に当てはめてみる。間違ってもここで俳優やタレントを想定してはいけない。身近な人で想像してみよう。既婚者でもかまわない。ともかく具体的に考えてみることが大事である。

「妥協」の本当の意味

「いまさら妥協なんて」。こちらもよく使われるが、言っている本人は、本当に「妥協」という言葉の意味を知って使っているのだろうか？

たとえば、わかりやすくマンションにたとえてみよう。

3000万円で買ったマンションが、相場下落や経年劣化で、どこの不動産屋に聞いても今は「1000万円」に値下がりして取引されているとする。

急いで売らないといけない事情があって、時価「1000万円」よりもさらに安い500万円で売る。これはたしかに「妥協」である。だって、世の中の価格よりも安いんだから。

でも、このマンションを、市場どおりの「1000万円」で売って2000万円の損が出るのは妥協とは言わない。現実のフェアバリュー（適正価値）に収斂《しゅうれん》しているだけの話である。

結婚は、男性も女性も常に斜め上を見ている。

自分の真横にいる相手だと「妥協」と言いがちである。難しいのが、実際に斜め上の相手と結婚をしている人がそれなりに自分の周りにいることで、それが話をややこしくしている。これがマンション価格と違うところである。

とはいえ、「このマンションは立地はイマイチだけど、見晴らしが特別気に入った」「間取りが狭くて古いけど、保育所の隣だから、買う」というように、相場を気にせずあなたの「価値」を認めてくれる人を見つけるのは、現実的にはかなり至難の業だと思ったほうがよい。

02

年収600万円以上の独身男性は3.5%。競争率は10倍以上。

年収400万円以上は決して普通ではない

では、普通の女性が普通に望む結婚相手の年収はどのくらいなのだろうか。

まずは、23ページの、「女性の男性への希望年収と独身男性の年収」のグラフを見ていただきたい。

東京都で女性が男性に「普通」と言って求める年収は、400万円以上26・8%、600万円以上39・2%であるが、実際に600万円以上稼いでいる25歳から35歳の〝独身〟男性は3.5%、400万～600万円稼いでいる男性も19・5%にすぎない。いくつかの書籍、雑誌やテレビでも取り上げられて、かなり世の中に知られてきた数字ではあるが、やはり「えっ、そんなに少ないの?」と思うかもしれない。ここには2つのポイントがある。

実は、男性全体を対象にした場合、年収600万円以上が3割、400万円以上なら6割の男性が該当する。「400万円以上を普通」と思う女性は、たぶんこのレベルで男性を見ており、独身男性もこれに準ずると誤解しているのだろう。

しかし、この数字には、団塊の世代から定年間近、エグゼクティブまですべてが含まれる。25歳から35歳のみに区切ると、年収はまだそんなにはない。

この話は、ここでは終わらない。

「3.5％!?」と聞いて驚いている場合ではないのである。というのは、地方に行くと、これがもっと厳しい数字となる。

グラフにあるように青森では女性の要求水準は低いが、男性の水準もかなり低くなる。600万円以上稼いでいるのは0.9％、400万～600万円でも1.7％。こうした数字を見せられると、地方格差とはなるほどこういうことかと大いに実感する。

ここで、都会に住む女性にとっては、さらにホラーストーリーは膨らむ。青森がこの水準だとすると、たとえば沖縄も同様の状況かもしれない。

沖縄で、「自分の希望するくらい稼ぐ男性はいない」と思ったかもしれない、黒木メイサさん。新垣結衣さん。仲間由紀恵さん……。たとえば、こうした魅力に満ち溢れた女性たちが、こぞってみんな東京に出てくる。そして東京のわずかな3.5％を獲り合うライバルになってしまうのである。

年収600万円以上の 独身男性は3.5%。競争率は10倍以上。

女性の男性への希望年収と独身男性の年収

東京都、青森県在住25-35歳、1,053人の調査より

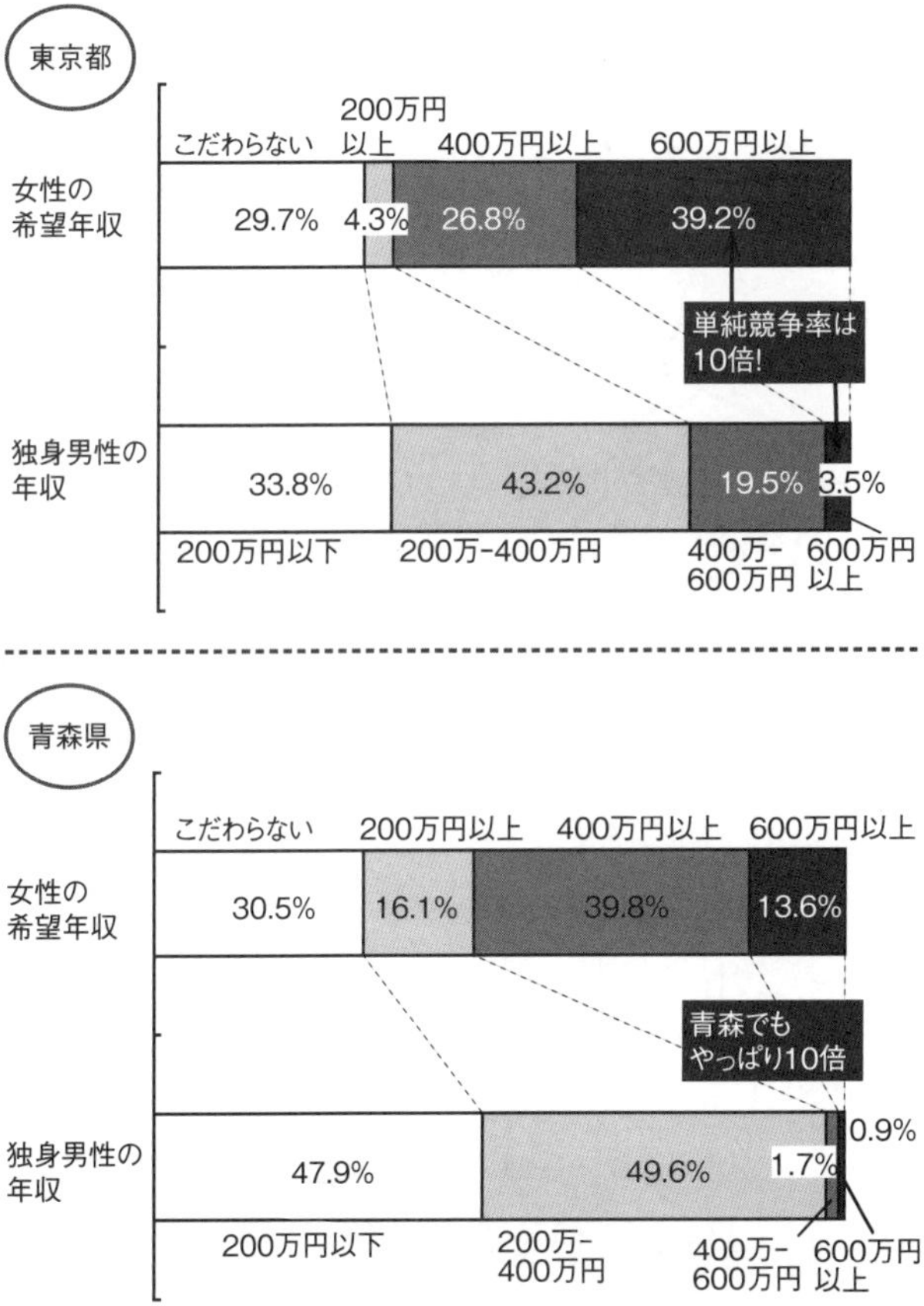

（出典）山田昌弘「若者の将来設計における『子育てリスク』意識の研究」総括研究報告書（2002年）

03

30代前半の独身男性、年収1000万円以上はわずか0・14%である。

30代前半の独身男性、 年収1000万円以上は わずか0.14%である。

年収1000万円以上の男性はほとんど既婚者！

前項のように男性の「年収」には女性は敏感なもの。これは今も昔も女性が結婚に求める条件として変わらないが、あながち女性だけを責めることもできない。

非正規雇用で自分で稼いでいく当てのない女性は結婚相手に心強い経済力を求めるし、キャリアを持つ女性であっても、自分が出産などでキャリアリスクが生じた際にも生活水準を下げずにすむように、相手に自分の1.5〜2倍くらいの収入を求めている。

明確に経済条件を口にしない女性であっても、「やっぱり『尊敬』できる人がいい」という言い方で、事実上の社会的・経済的成功者を求めていたりする。

一つのわかりやすい指標としてよく使われるのが、「年収1000万円」という数字。給与所得者の中の、上位5%以下の人、つまり20人に1人が対象となる水準感で、「1000万円プレイヤー」なんていう呼ばれ方もする。女性側から見て、「独身で年収1000万円以上の男性と結婚したい」と答える割合は、「とても結婚したい（10・4%）」と「どちらかというと結婚したい（61・5%）」を合わせると7割以上に達する（スパイアとアイシェアの共同意識調査。対象は20代から40代のパート・アルバイトを除く未婚有職者女性1

150名）。年収が高くない女性も、仕事を持ってバリバリ稼いでいる女性も、相手に収入を求めるのはそう変わらない傾向なので、7割にも上っている。「5％しかいない」のに、7割も殺到するの？　と思うだろうが、現実はそんな生易しいものではない。

次のページに、面白いグラフがある。これは、年収のレベル（ヨコ軸）と、既婚か独身か（タテ軸）で切ってみて、それぞれの面積の広さで人数の比率が一目でわかるという便利なグラフである。ここでは、30〜34歳の男性のデータを拾ってみた。

右の端のほうには、600万円以上、800万円以上の高年収、さらには右端にはわずかながら1000万円以上の人たちもたしかに存在する。ここまでは想像どおりであろう。が、既婚か独身かで既婚に色を着けてみると、右のほうはほとんどが既婚となっていることもわかる。1000万円以上の人たちで見ると（そもそも30歳代前半で年収1000万円を稼ぐ人は少ないので0.7％しかいないが）、その8割はすでに結婚しているのである。

なので、30代前半で1000万円以上稼ぎなおかつ独身である男性は、

0.7×0.2＝0・14％しか残っていないのだ。

30〜34歳の独身男性は数字としては大勢いる。が、実はそれは200〜400万円、あるいは200万円以下のゾーンに偏って存在しているのだ。

30代前半の独身男性、年収1000万円以上は わずか0.14%である。

30代前半男性の年収別婚姻率

年収と婚姻率は相関している。高年収の人ほど売約済み

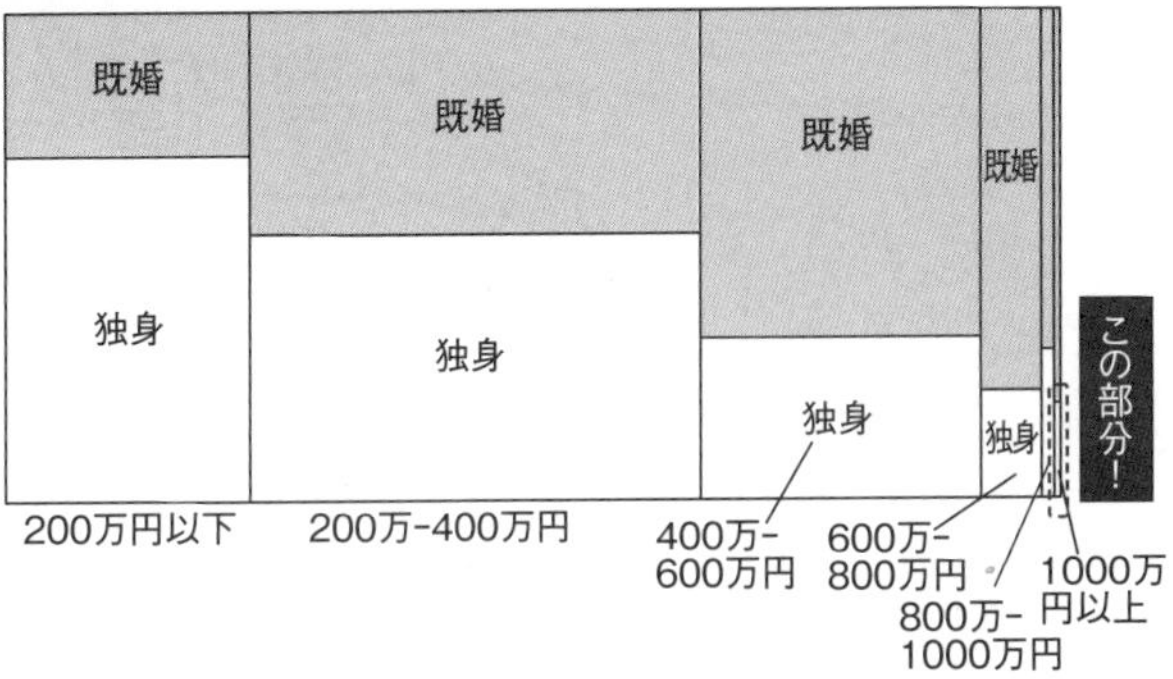

(出典)2005年労働政策研究報告書(婚姻率)、平成19年就業構造基本調査(年収分布)、オーネット分析

この方たちは残念ながら、女性がよく言う結婚相手としての「普通」ではないのかもしれない。しかし、人数のボリュームで言うと、むしろ過半数、すなわち「普通」なのである。

こうなると、これら「普通」の男性は入り口段階で結婚の対象から外されてしまう人が多くなる。

ちなみに、この不景気の世の中でも「やっぱ1000万円はないとね」と言う女性は、まだまだいるように思うが、その方たちは、すべての独身女性の中で上位0・14%に入る魅力を持っている自信があるだろうか?

0・14%とは、1学年が240人いる女子校で、「学年で1番」どころか「3学年でナンバーワン」の人気ということ……である。

04

結婚で譲れない条件の上位「価値観が近い」(64・1%)は、「3高」より難易度が高い！

全然近くならない・・・
価値観山
ゴゴゴ
三高山
吹雪で前が見えません!!

価値観の合う人がいい

年収の話を読んでいて、絶望的な気分になってきた方も多いかもしれない。

とはいえ、こういった数字の実態がメディアなどで取り上げられることも多くなり、長引く不景気により、「年収」至上主義の女性は少なくなってきたようにも思える。

たとえば、2010年の電通総研の調査で、女性が男性に求めるものが変わってきた、という結果があった。

かつてもてはやされた「3高」、すなわち高収入(28位)、高身長(33位)、高学歴(45位)が、軒並み下位に落ちたというのである。

そのかわりに上位を占めているのは、

1位「信頼できる」(68・0%)
2位「価値観が近い」(64・1%)
3位「安心できる」(61・4%)
4位「一緒にいてラク」(60・1%)

だから、女性は条件を求めなくなったって？

それは甘い。世の中の女性は、そんなにナイーブではない。むしろ、より難易度が高まっていると考えたほうがいいだろう。

というのは、この答えには隠れた前提がたくさんあるからだ。

データに騙されるな

「同じ価値観」を持つには、また、「一緒にいてラク」であるためには、さらには相手のことを「信頼できる」ためには、ものの考え方、日頃触れる情報、交友の範囲、家庭環境や教育環境も似てないと、なかなかそうはならないものである。

たとえば、同じ価値観が醸成されるには、前提として、似たような生活レベルでなくてはいけないのである。外資の人事担当者が、「ＴＯＥＩＣの点なんて、どうでもいいですよ。英語で毎日メールのやりとりができて、インドとニューヨークの英語の電話会議を仕切ってくれさえすれば問題ないですから」と言うのと似たようなものである。

「価値観が合いさえすれば……」といった言葉は美しく謙遜しているように聞こえるが、データを読み取る側は、騙されてはいけない。

イマドキ独身女子の結婚観とかつての〝3高〟

結婚の譲れない条件は「安・信・楽・近(アン・シン・ラク・チカ)」

結婚の譲れない条件		独身女子(%) n=757
第1位	信頼できる	68.0
第2位	価値観が近い	64.1
第3位	安心できる	61.4
第4位	一緒にいてラク	60.1
第5位	性格がいい	56.4
第6位	尊敬できる	53.8
第7位	一緒にいて楽しい	52.0
第8位	仕事や収入が安定している	51.0
第9位	自分を認めてくれる	49.0
第10位	健康である	44.4

かつての〝3高〟は、		
第28位	年収が高い	15.1
第33位	身長が高い	11.1
第45位	学歴が高い	4.8
第50位	大企業に勤めている	2.2

(出典)2010年 電通総研ウェルネス1万人調査

・私と同等以上の学歴で、
・似たような境遇で育っていて、
・職場環境や仕事の内容も共通点があって（少なくとも共通の言語、ロジックが通じて）、
・私と同じくらいかそれ以上の収入レベルで、
という条件を提示しているのに等しいのである。

そして、ここでの最大の問題は、答えている本人たちがその自分たちの隠れた前提に気づいてないであろうということ。本当に、「謙遜」しているつもりなのである。

別にわがままを言っている気はないにもかかわらず、希望に当てはまる人がいないのを心底、不思議に思っている。謙虚なつもりの希望は、実は「かなり難易度の高いことを言っているのだ」ということを自覚しておかないといけない。

ベタテク

❶ お酒は、武器

しっかり者キャラの女性は、今さら男性に弱みを見せたり甘えたりなんて、恥ずかしくてできない、と思う人も多いだろう。

そういうとき、武器になるのが、お酒。

なにも、相手を酔わす必要はない。自分が変身することの言い訳にすれば良い、と言うのはあるモテ女性Aさん。

Aさんは、お酒に弱いが、それゆえ自分が酔う限界点を知っている。そこで飲酒量をコントロールしつつ、まだ自分の頭が明晰な、アルコール許容量残り30%くらいのタイミングで、酔ったふりをする。相手の反応を詳細に観察し検証できる状態で、甘えてみたり弱みを見せるのである。

「お酒が武器」たるゆえんは、気弱な男性が自分から動くための「勢い作り」に加勢する効果があるということ。隙を見せない女性は、どんなにキレイでも（いや、キレイであるがゆえに）イマドキ男子からは実にアプローチしにくい存在。だからこそ、酔ったふりで、弱みや甘えを見せて、気弱男子の背中を押してあげるわけである。

実際、プライドが高く、女性に断られるのがコワイ弱気な男子でも、いざ付き合い始めると、けっこう男気があったり、頼りがいもあったりするとAさんは言う。

自分からアプローチや告白もできない男子なんて、「男らしくない！」とバッサリ切ってしまうのか、Aさんのように割り切って、「私がこっそり筋道をつけてあげる」と、男子のストレスや苦労を肩代わりしてあげるか。どっちが賢いやり方か、どっちがゴールに近いかは自明であろう。

そんなことしても、ばれちゃうのでは、って?

大丈夫。男は、女性の嘘を疑わない。男はすべて、自分の都合のいい方向に拡大解釈するという、たいへんおめでたい生き物だからである。

05

5人に1人は一生独身！

てことは
100人いたら
20人は仲間よね
安心して
どうすんのよ!!
バシッ
婚活さん
既婚さん

一生おひとりさま……の可能性

「生涯未婚率」という、ちょっと恐ろしい言葉がある。

定義は、50歳時点での未婚（それまで一度も結婚したことがない）率。50歳で未婚なら、その先もかなり高い確率で未婚であろう、ということで用いられる数字である。

いま、生涯未婚率は（2005年国勢調査時点）男性、15・4％。6.5人に1人は、一生独身ということ。小学校のクラスで20人男子生徒がいたら、3人くらいは一度も結婚しないということだ。女性は、2005年時点で6.8％であるが、着実に上昇傾向である。

2010年は、5年ぶりの国勢調査の年だったので、もうすぐ結果が発表されるであろうが、ここ10年くらいのトレンドから見ると、男性は20％くらいまで上がってくるだろう。すると、5、6人に1人は一生独身ということになる。女性も10％に近づくのではないか。

これは、かなりインパクトのある数字だ。

が、一方で、博報堂が実施したエルダーの調査レポート（孫のいる50～60代既婚男女81４名に調査。2004年）を見ていて、50代～60代の方たちに質問した、「今後充実させたいこと、時間を使いたいことは？」に対する答えが暗示的で面白かった。

アクティブな世代なので社交的な答えが多いかと思いきや、「『知人との時間』を増やしたい」や「『仕事仲間との時間』を増やしたい」は、実は相対的には少ない。

多いのは、「『孫との接触時間』を増やしたい」、「『子との接触時間』を増やしたい」。人間、年齢を重ねると、気心の知れた肉親との接触時間を増やしたくなる「回帰性」みたいなものが強まるのだろうか。同窓会の出席率が高まるのも同じ傾向だろう。

そう考えると、結婚せず伴侶がいない、子どももいない、もちろん孫もいない人は、子や孫に恵まれている人から積極的に接点を持たれなくなる可能性もある。

一方の子どものほうでも、「親が好き」な人が増え、「友達親子」が当たり前になってきている。デパートや観光地で年のいった親子連れを見ることは多い。しかし、悲しいかな、いくら長寿社会になっても、親は自分よりは先にいなくなるのが普通である。しかも、「長寿」であるがゆえに、親がいなくなるときには自分は50~60代かもしれない。そこからの結婚、しかも初婚のハードルは、相当に高い。

生涯未婚率20%という時代

生涯未婚率20%という、未曾有のおひとりさま時代が、すぐそこまで来ている。

生涯未婚率の推移

生涯未婚率（50歳時の未婚率）は、特に男性で急激に上昇中。
2005年時点では、6.5人に1人

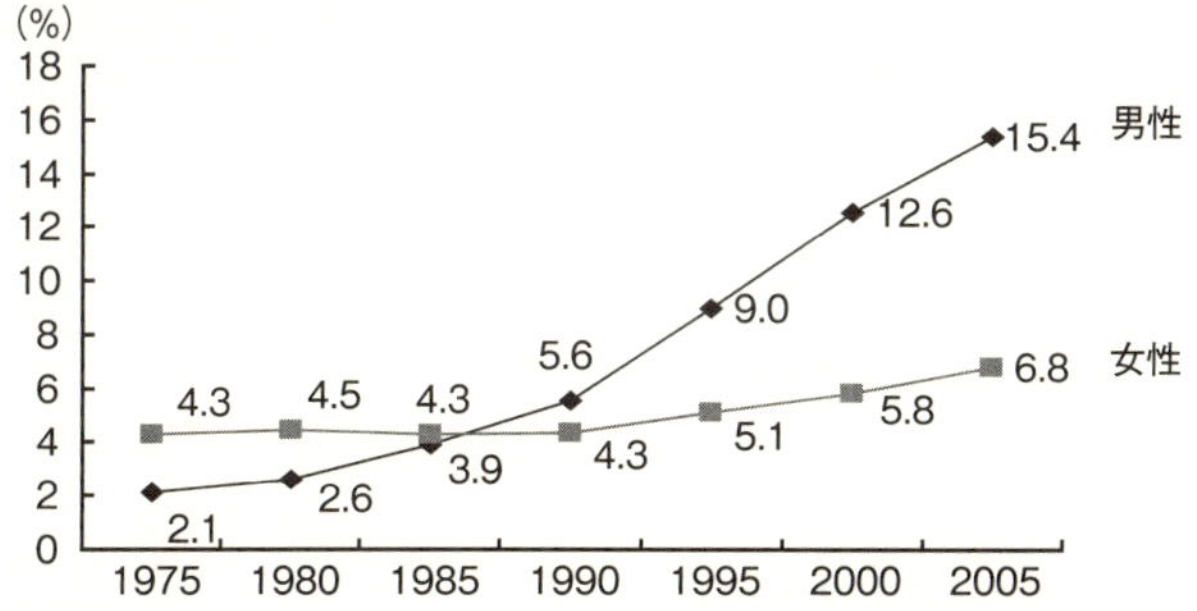

（出典）国勢調査報告より。生涯未婚率は、45〜49歳と50〜54歳未婚率の平均値であり、50歳時の未婚率を示す

生涯未婚率が高まることで、シニアの結婚が増えるという予測もされている。私はある程度は増えると思うが、爆発的には増えないと思っている。なぜなら、結婚はどんなに年をとろうが、それなりのコミュニケーション力、対話力、共感力がないと成り立たないが、ずっと独身で来てしまった人はそれらが苦手なことが多そうだから。

ちょっと大胆に予測すると、ここの心の隙間に入り込んでいるのが、占いやスピリチュアルなのではないか。さらに先に行くと、「宗教」も有力な選択肢として上がってくる。

実際、前近代社会では未婚者はキリスト教では修道院に、日本では仏門に入ることが少なくなかったからだ。

06

結婚平均年齢は男性30歳、女性28歳。クリスマスケーキはもはや死語。

じゃあ、年越しそばってことにすれば
婚活さん
ずず
そば
既婚さん
ちょっとはあせんなさいよ

いまや20代後半の過半数が未婚

かつて、クリスマスケーキの販売に、女性の結婚年齢がたとえられることが流行した。「かつて」と過去形にしているのは、私がセミナーの場で「女性の年齢とクリスマスケーキのたとえを聞いたことのある人?」と聞くと、半分近くの人が「知らない」「聞いたことない」と言うから。

この言葉のココロは、

・24歳までは恋愛・結婚市場にてちやほやされる

・しかし、25歳を超えると、あたかも25日が過ぎたクリスマスケーキのように、値段が暴落し、売り物にならなくなる

という意味合い。

この言葉が頻用されていたのは、80年代である。

その頃の統計を見ると、1985年あたりで女性の初婚年齢の平均が25・5歳。ほぼ半分の女性が25歳では結婚していた。晩婚の人は、少数でも平均引き上げに寄与度が大きい

と考えると、最頻値は25歳より若そうである。そうすると、過半の人が24歳までに結婚するのが当たり前だったわけなので、25歳のタイミングで「売れ残りだ！」と言っても実感を伴う。また、そう言ったところで、言われた側もまだまだ20代半ば。そこから本気で追いつこうとすれば30歳前には結婚できるだろうから、深刻味も薄く冗談で済まされる。むしろ結婚をしようという背中を押す前向きな役割があったわけである。

一方で、2005年時点では女性の初婚年齢は28歳まで上がっている。20代後半の女性の未婚率は62％。30代前半でも37％が結婚していない。こうなると、「クリスマスケーキ！」なんて揶揄《やゆ》しても現実離れ。24歳で結婚すると、むしろ「そんなに早くていいの？」と驚かれそうなくらいである。

「地方は早いのでは？」というのも、的外れ。都市部と地方との年齢差もなくなってきている。東京と沖縄を比べても、せいぜい2歳しか変わらない。

経済成長と未婚率の関係

むしろ、海外の国を見てみると、経済成長の影響のほうが大きい。1人当たりのGDPが1～2万ドルに達するあたりから、女性、特に30代前半女性の未婚率が急上昇する。こ

結婚平均年齢は 男性30歳、女性28歳。クリスマスケーキはもはや死語。

平均初婚年齢の推移

2008年の平均初婚年齢は男性30.2歳、女性28.5歳となり、過去最高を更新

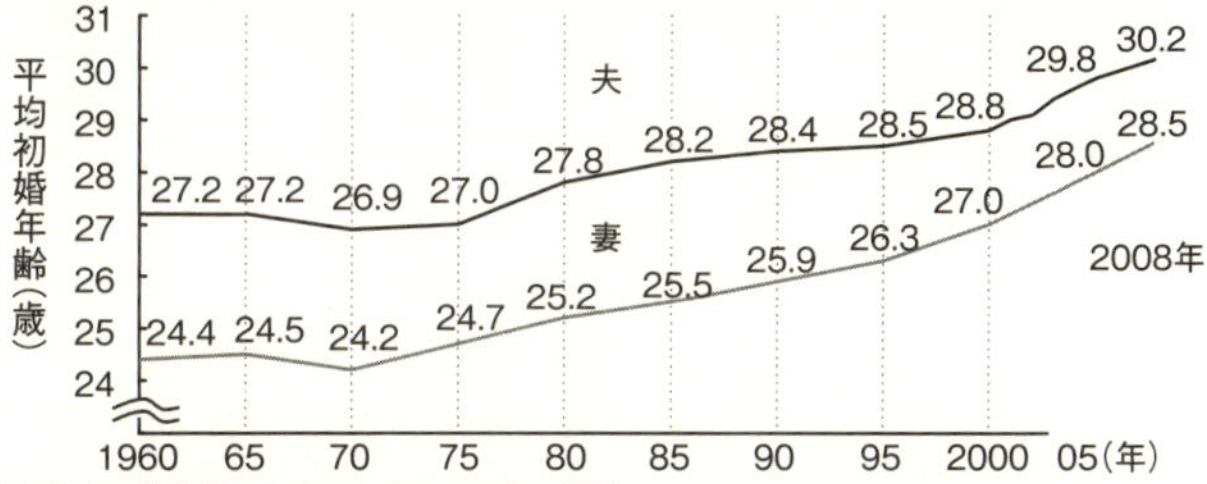

（出典）人口動態統計より（2005年、2008年は概数）

韓国の初婚年齢の推移

韓国は既に日本を上回る勢い

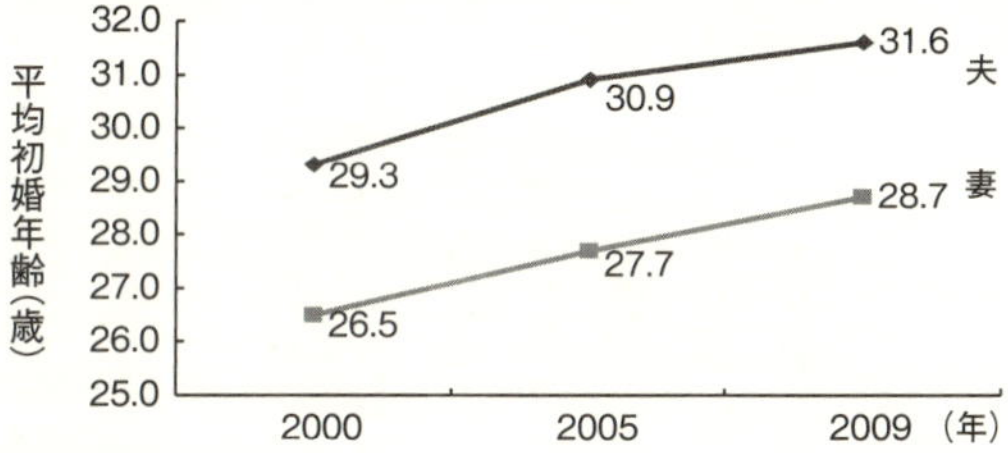

（出典）韓国統計庁

台湾の初婚年齢の推移

台湾も日本を上回る

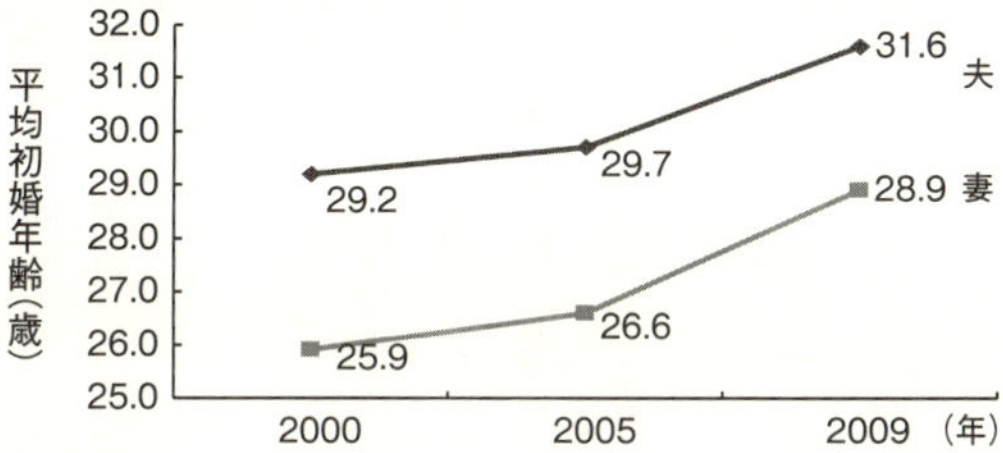

（出典）台湾内政部

の1人当たりのGDPというのは、たとえばユニチャームが紙おむつが普及するタイミングを見極めるのに用いたりする指標である。

国民が一定程度の豊かさを手にすると、女性の高学歴化や社会進出が進んだり、「結婚」というものが、生きていく上で不可欠な「必需品」から、なくても過ごせる「嗜好品」に変化するのかもしれない。

若者の未婚率や初婚年齢の上昇は、東アジアに目を向けても共通現象になっている。たとえば経済成長が順調に進む台湾の初婚年齢は、もう日本を超えるような水準まで上がってきており、2009年では男性が31・6歳、女性は28・9歳という高さ（台湾内政部）。「敗犬女王」（負け犬の意！）というテレビドラマがヒットした。主人公は33歳の出版社の敏腕女性編集者で、8歳下のイケメンフリーター男性と恋に落ちるというラブストーリー。日本で同じ設定のドラマがあっても、まったく違和感がない。

韓国の初婚年齢もほぼ台湾と同じで、男性31・6歳、女性28・7歳（韓国統計庁）。出生率も日本を下回るほどの低水準である。

ベタテク❷ 網を持つな。ウツボカズラになれ

お目当ての人ができたとき、どの程度、積極的にアプローチすべきか。その気があるのは伝えたいが、やりすぎると引かれそう……。

またまた、あるモテ女性の格言を紹介しよう。

「自分から、仕掛けてはいけない。網を持って捕りに行ってはいけない。ウツボカズラになれ」

要は、「声をかけやすくして、じっと待つ」。「こっちの花がいいよ」というオーラを出す、ということらしい。

その場合、もちろん寄って来やすくなるような仕掛けや工夫は必要である。食虫植物だって、虫が好むいい匂いを出したり、落とし穴の奥にある水でおびき寄せるんだから。

オーラの出し方やおびき寄せる方法には、いろんなテクがあるらしいが、一つ彼女が強調していた大変効果が高いという方法を紹介しよう。

「何人かいる中でも、目当ての人と目を合わせること。それも、しっかり間を取って」

目が合ったときに、数秒間、できれば5秒くらいちゃんと相手の目を見る。ちょっとにっこりしてもいい。それから、逸らすとより効果的らしい。

一緒にいた別の女性は、「どうでもいい人」から言い寄られることが多く、それも、本音では恋愛対象にしたくない既婚者からが多いそうだが、この話を聞いてそのワケがわかったと目からウロコが落ちた。

「私は、本当に気になっている人には、恥ずかしくって目を合わせるなんてできないんだけど、そうじゃない人には気楽にできるんです……。そうか！　それがいけなかったんだ！……」

彼女が、気楽な相手に無意識に行っていた行為は、その相手にはしっかり効いていたということですね。

目合わせテク、ぜひ一度お試しあれ。

07

新成人男性の84%が「彼女ナシ」。ほぼ半数が「一度も交際したことがない」。

若年世代の草食化は本当だった？

２０１１年新成人の調査で、「結婚したい（早く＋いずれは）」は、81・1％にのぼる（オーネット、ことぶき科学情報 Vol.56 新成人調査より。８００人対象）。ここ5年間では2番目に高い数字で、若年世代の結婚への憧れは衰えてはいない。

が、衝撃的なのは、恋愛経験や恋愛に対する姿勢だ。

同じく、交際相手について聞いたところ、「現在交際相手がいる」と回答したのは、全体の23％（男性16％　女性30％）しかいない！　男性の、実に84％が「彼女ナシ」ということ。これは、調査開始以来、過去最低である。

交際率は、調査開始時の１９９６年、今の30代半ばが新成人だった頃には、50％台で推移していたが、その後15年間で半減し、今年、男性は初めて10％台に、男女合計も初めて20％台前半に突入した。

彼らの中で、恋愛に対するプライオリティが低下していることは間違いない。

しかもこれまでに交際した（現在も含める）異性の数を聞くと、「ひとりもいない」が45・3％（男性49％、女性41％）と半数に近づいている。男性は、2人に1人が20歳になるまで、一度も、ひとりも彼女ができたことがないのだ。

そうすると、次に何が起きるか。「何とかしなきゃ」と発奮するだろうか？

まったく逆である。彼ら、彼女らは交際経験の少なさから、異性への苦手意識が芽生えている。どんどん内側にこもるようになってしまう。

交際相手がいない人たちの中で、「交際相手がほしい」と答えたのは65％。「異性にモテたいとは思わない」との意見は、38％で、特に女性は46％と、恋愛に淡白な人が半分に迫ろうとしている。今のアラフォーやアラサーが、「モテ」を生活やファッションにおける究極の目標としていた時代を考えると、隔世の感がある。

草食男子を一皮むけば

こうした数字を見て、「草食化、ここに極まれり」という見方はできる。その一方で、男性の、一見「草食化」は、一皮むいてみると違う姿も見えてくる。

女性誌「an・an」（2010/11/10号）では、「サヨナラ、草食男子！」という特集で、「エセ草食男子」と称して、「実は草食ではない男性」をいくつかの類型に分類しているが、私から見ると、これは「草食男子」の小分類だと思う。これが実に面白いので紹介しよう。

たとえば、「美食男子」。

顔がかわいい、あるいはスタイル抜群な女性でないと一切食指が動かない男子。自分の美意識や理想に決して妥協することがなく、恋愛のチャンスに恵まれず、独身や彼女ナシ期間が長くなる。比較的高学歴や収入の高い男性に多く、昨今の婚活ブームで価値が高騰している大企業独身サラリーマンあたりにも多く存在していそう。

「偏食男子」も「美食男子」と似ていて、自分の好みやストライクゾーンが偏っていて極めて狭いため、そこに入らない女性にはまったく「オンナ」を感じない。このため、「部屋に泊まったのに、指一本触れられなかった」ということが発生する。

「自炊男子」は、けっこう働き盛りで活躍する男性セグメントで、本当は女性への性的な関心も欲求も旺盛。ただ、仕事やキャリア、自分の成長に時間やエネルギーを優先して配分しているので、性欲は二次元でお手軽に効率的に「処理」してしまう。なるほど、これを「自炊」と呼ぶか。彼らにとって、「恋」や「愛」は時間がかかって面倒なものだったりする。

「小食男子」は、女性よりも自分の服や趣味にお金を使うことを優先する。自分の部屋や自分の空間で、自分の好きなものに囲まれて過ごすのが大好き。お金の使い先は、デジタルガジェットだったり、音楽だったり、フィギュアだったりする。ときにはトライアスロンや自転車などアクティブなものも紛れ込むので、一見すると肉食系と見間違えられることもあるが、女性に対して時間やお金を使うことはほとんどない。

他にも、経済的に困窮していて身動きのできない「粗食男子」、長年まったく女性と縁がないので関係を断絶している「拒食男子」なども紹介されている。

こうした小分類のさまざまなタイプが入り乱れているのが、いわゆる「草食」とひとくくりにされがちな若年男性のリアルな姿だろう。

これらを見ていて、一つ言えそうなのは、彼らは彼らなりに時代の波に自分を最適化しようとしているということ。彼らは受験、就職の過程であまりにもさまざまなストレスにさらされ続けてきたし、今もさらされている。

電通総研のウェルネス1万人調査では、「恋愛はストレスになると思う」と答えた人の割合は男女ともに20代が一番高かったそうである。恋愛を「ストレス」の一類型として捉えているがために、これ以上よけいなストレスを抱え込まないようにしようとして、さまざまな「草食」の小分類におさまっているのである。

新成人男性の84%が「彼女ナシ」。ほぼ半数が「一度も交際したことがない」。

交際相手がいる人の割合の推移

2011年には、20歳の時点で、彼女がいる男性はたった16%。
84%が彼女ナシ。全体でも23%と最低を更新

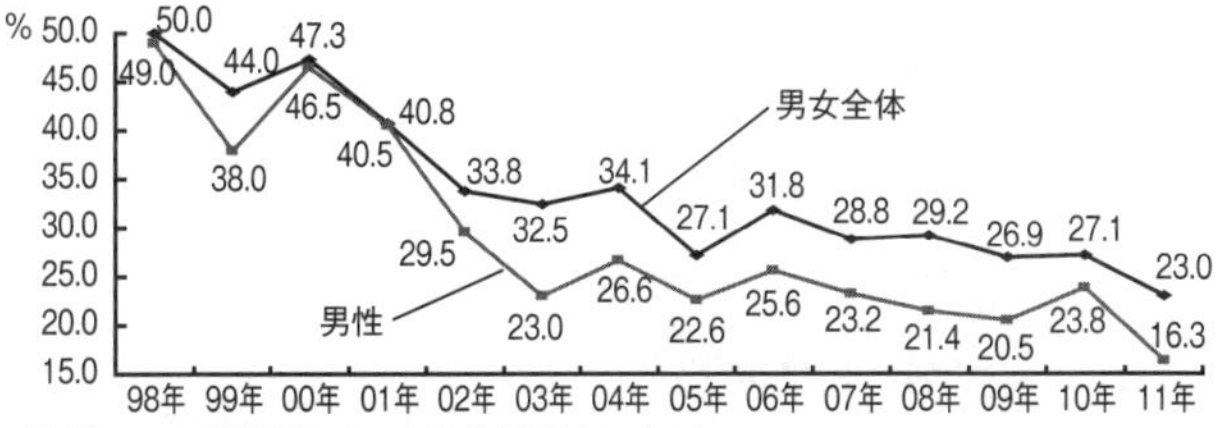

（出典）ことぶき科学情報 2011年新成人調査（オーネット）

一度も異性と交際したことがない人の割合

20歳まで女性とつきあったことがない男性は、半分

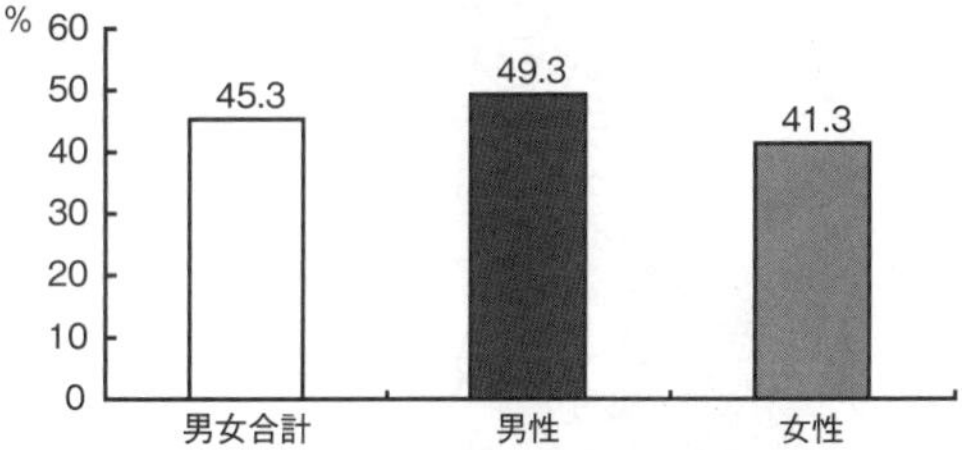

（出典）ことぶき科学情報 2011年新成人調査（オーネット）

交際相手はほしいのに、「モテたいと思わない」矛盾

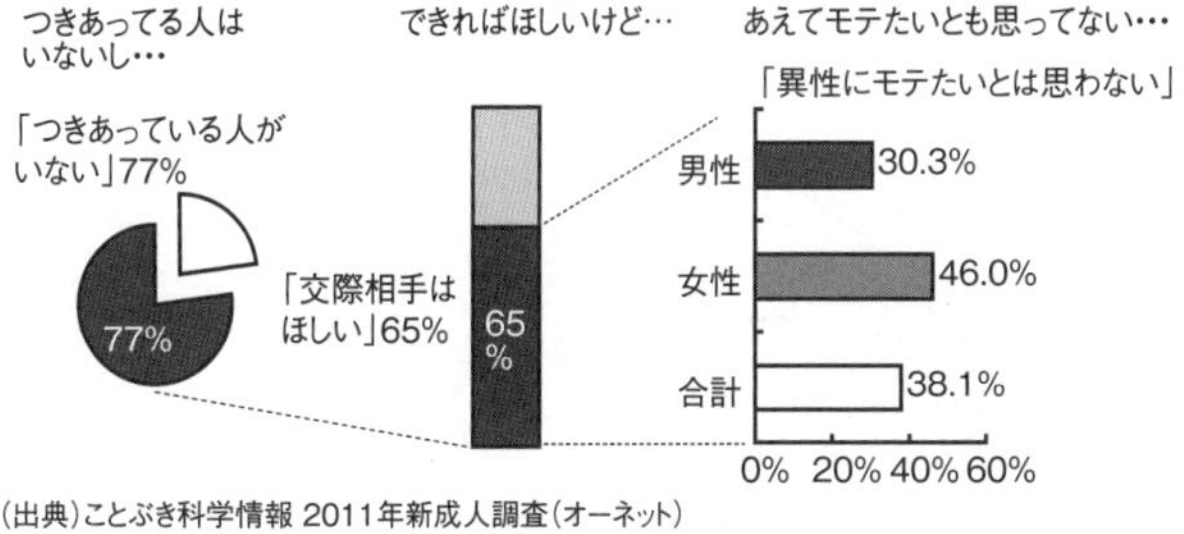

（出典）ことぶき科学情報 2011年新成人調査（オーネット）

08

かつて出会うきっかけのNo.1だったお見合いが今では10分の1以下に！

あなたとあなた、
よさそうね〜
ヨロシクオネガイシマス
あたしにも〜

お見合いは出会いのインフラ

では、実際に運良く結婚した人たちは、いったいどういうところで、出会っているのだろうか。

「出会い自体がないのよねー」。これも、婚活に悩む人たちがほぼ必ず言う言葉である。出会いは実際、昔に比べて少なくなっているのだろうか？　それが婚姻数の減少を引き起こしているのだろうか？

結婚率の高い（50歳時点の未婚率が５％以下の）昔でも、職場での出会いが期待できない人、たとえば、男性もしくは女性ばかりの職場や、そもそも人の絶対数が少ない職場（自営、農林水産など）で働いている人はいたはずだが、そういった人たちはどうやって結婚相手と出会っていたのか。どうして初婚年齢は低く抑えられていたのか。

ここ約50年間の結婚にいたった出会いのきっかけをグラフで見てみよう（53ページ参照）。60年代前半には、出会いのきっかけのナンバーワンは実は「お見合い」だった。ところがこれがどんどん減少して、今では10分の1以下と激減している。それ以外の出会いに関しては、そこまで大きな変化はない。

「お見合い」は、貴重な社会インフラだったのだ。

いまや、世話好きおばちゃんはずいぶん減った。おばちゃんが世話を焼いてくれたとしても、親経由だと、いろいろ理由をつけて断ったりすることも多いだろう。

さらに、お見合いをしたとしても、今の独身者はお見合いの先に「恋愛」を求める。昔は、ノックアウトファクター（これだけは譲れないというポイント）さえなければ、そのまま結婚にいたるのが常識的な流れだった。しかし今は、恋愛感情をまったく抱けないような相手とは、お見合いはしても結婚にはいたらない。

このため、お見合いから成功裏にゴールインするためには、ある程度のルックスや、会話を盛り上げることのできる対人スキルをも求められるようになり、成約までのハードルさえもが上がってしまった。

結局、このお見合い激減の穴を、「自然な出会い」はもちろん、合コンや知人の紹介では埋められていないのだ。

かつて出会うきっかけのNo.1だったお見合いが 今では10分の１以下に！

結婚にいたった出会いのきっかけ

お見合いが10分の1に！

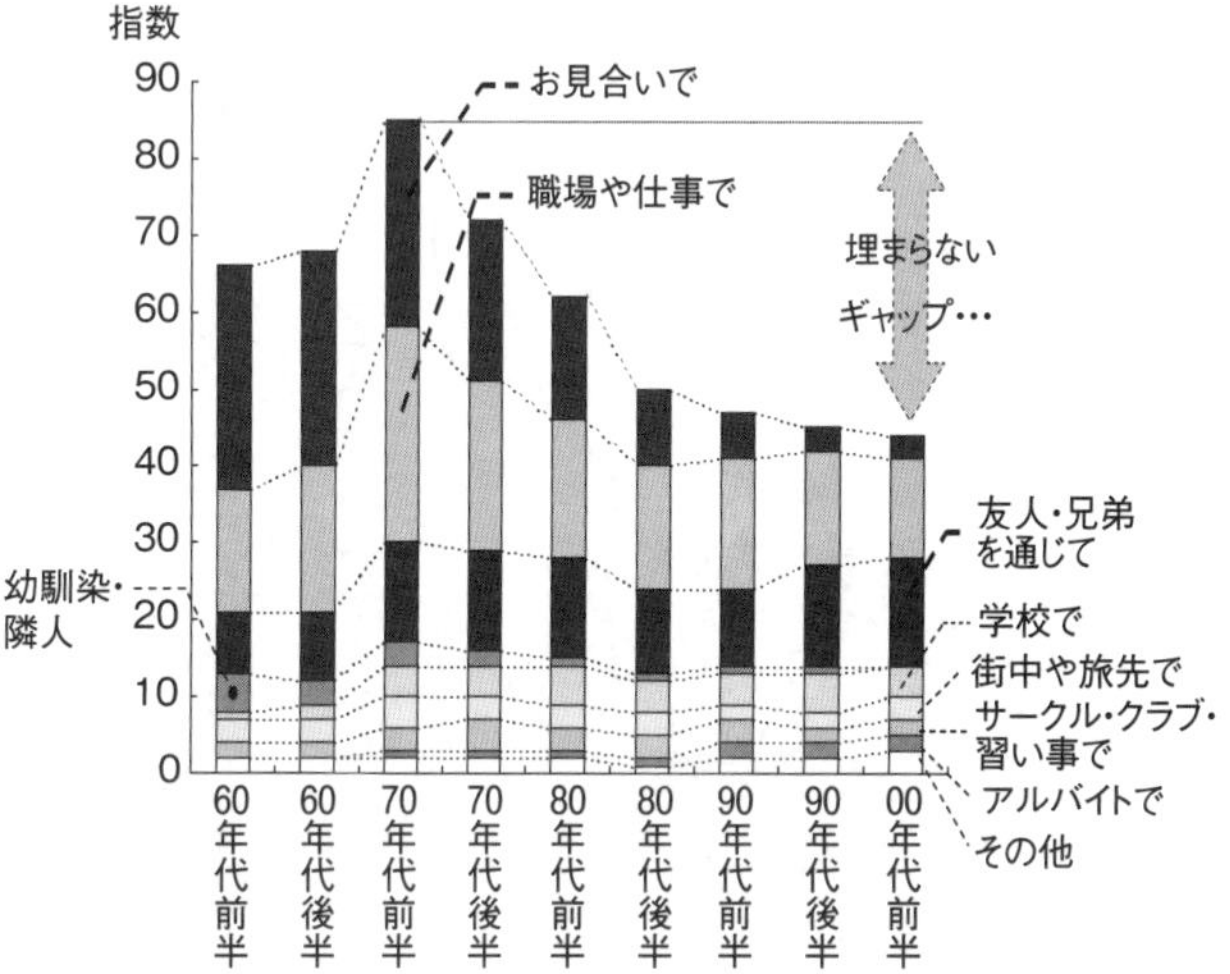

（出典）「日本労働研究雑誌」2005年1月号「職縁結婚の盛衰と未婚化の進展」

09

自然な出会いはそもそも少ない。そして、出会った人と交際できる確率は0・24%。

出会いはどこに転がっている？

そもそも、「自然な出会い」とは何だろう。きちんと定義してみよう。

・日常、生活を送っている中で、
・自分から強く働きかけたりせず、
・出会うためにお金を使うこともなく、
・日常の行動の範囲内で知り合いになれること、

であると、仮にしてみよう。

代表的なのは職場や仕事を通じた出会いである。前出のグラフ（53ページ）で明らかなように、今も昔も出会いのきっかけのかなりの割合を占めている。

具体的に交際が始まるきっかけとなるようなシチュエーションを想定すると、

・職場で近い範囲にいて、よくおしゃべりする。
・社内で仕事を依頼したり、されたりで、接点がある。
・仕事上や業務外の活動（クリスマス会企画とか運動会とか社員旅行とか）で一緒になる。
・同期入社や社内の友人のつながりで飲み会に誘われる。

・社内の友人や上司に紹介される。

といった感じだろうか。

でも、現状を考えてみると、

・人員はギリギリで仕事を回しているので、おしゃべりする余裕なし。
・職場の仕事以外の行事や活動はすっかり削減された。
・会社の人同士で飲みに行くことはめっきり減った。
・新卒の採用減や中途採用・派遣などの雇用の多様化で、同期入社なんて概念がもはやない。
・世話を焼こうという物好きな上司はいない。
・個人的に食事なんかに誘うと、一歩間違うとセクハラ扱い。人事に駆け込まれると、ダメージ大きすぎ……。

という状況になってきていて、職場恋愛には今後、あまり期待できそうもない。

では、その他のもっと偶然性の高い出会いについてはどうだろうか。

偶然の出会い、と言って思い浮かぶのは、

・サークルや習い事で、
・街中で、電車で、バスで、駅で、バス停で、喫茶店で、
・旅先で、

といったものだが、前出のグラフからもわかるとおり、偶然の出会いがきっかけの結婚数は、過去20～30年ではほとんど変化がない。実は「偶然の出会い」というのは、もともとそんなにない。映画のワンシーンのような、紙袋からオレンジがコロコロと転がり拾ってくれた男性と運命の出会い……なんてことはほぼ起こりえないと考えていい。

出会った人と付き合える可能性

今度は、もし素敵な人とめでたく偶然に出会ったとして、出会った人と惹かれあい実際にお付き合いにいたる可能性について考えてみよう。

たとえば、事務職の女性A子さん(30歳)の場合。仮に30代の男性に偶然出会ったとして、次の要素に当てはまる確率について、経験的に数字を置いていくとどんな感じだろうか。

・見た目が自分の好み＝20％
・性格や相性が合う（女性がよく言う、「会話のキャッチボールができる人」という意味合い）＝30％
・相手も私を気に入ってくれる＝40％
・相手が独身＝50％（30代前半男性の2人に1人が独身）
・相手の年収が許容範囲＝20％（23ページのグラフ参照）

これらをすべてかけていくと、なんと0・24％になってしまう。ひとつひとつの仮定は、決して無理な数字ではない。「相手も好きになってくれる」の40％などは、かなり強気なほうとも言える。それでもすべてを満たすとなると0・24％、400人に1人の割合ということになる。

週1人ずつコンスタントに新しい出会いがあっても8年、月1人ぐらいの平常ペースでいけば出会うまでに33年かかる。しかも33年がたつと、さすがに相手が自分のことを気に入ってくれる率が今よりも下がっているであろう……。

自然な出会いはそもそも少ない。そして、出会った人と 交際できる確率は0.24%。

出会った人と交際できる確率は……

見た目でOK率	×	性格や相性も合う率	×	相手も気に入ってくれる率	×	独り身率	×	年収でOK率	＝	?
20%		30%		40%		50%		20%		%
適齢期で5人に1人「清潔感」含む		3人に1人「会話のキャッチボールができる人」		これはかなり強気の数字		30代前半男性の平均		東京で、400万円以上		

- 答えは、0.24%。単純計算で400人に1人。
- 週に1人ずつ、コンスタントに新しい出会いがあって、8年。月に1人なら、33年…

「偶然」に身を委ねていては、あっという間にXX歳…

10

合コンは効率悪し。女性は合コンに行けば行くほど結婚確率が落ちる。

「婚活＝合コン」は、落とし穴

「婚活をはじめよう」と決めた瞬間から、「合コン」に精を出す男女は多い。が、合コンははたして効率的なのだろうか。

あるメディアに勤める30代独身女性は、合コンの回数を重ねると、どんどんオトコを見る目が厳しくなっていくという。

20代前半はイケメンに惹かれていたが、30代になると年収が重要になってくる。今では合コンをセットする前に、会社名をチェックし、話を受けるかどうかを決めるとのこと。さらに、参加者がたとえ一流優良大企業であっても、女性慣れしていない理系男子だったりすると、「話がつまらない」とバッサリ切ってしまう。いろんな「譲れない」ポイントが雪だるま式に増えていくわけである。

さらに、合コンの後、女子だけで批評会をするのだが、これがよくない。

女性陣の感想は、「ありえなくない？」「なんか微妙だったね」というものがほとんど。こっそり「あの人、ちょっぴり気になるなあ……」と思っていても、周りにケチョンケチョンに言われたら、自分も一緒になって「そーよねー、ダメダメよねー」なんてつい、言ってしまい、結局、動けなくなってしまう。人は自分で言ったことや一度取った行動に縛られてしまうという、社会心理学でいう「認知的一貫性」のワナにはまってしまうのである。

ある合コン常連の女性によれば、「今日の合コンよかったね」と女性陣が好ましく思えるのは、体感値として10回に1回くらいだそうだが、そんなときは、目当ての男性が友人とかぶったりして、結局うまくいかないことが多いそう。

合コンのROIとROTI

男性との温度差も大きい。

独身男性にとっての合コンは、「とりあえず友達になればいい」場所。彼女が見つかれば言うことないが、「まあその次の合コンにつながればいいか」くらいの姿勢で臨んでいる。なので、連絡先交換に必死になるわけではなく、交換したとしても必ず連絡するかどうかはわからない。

一方、参加者の中には「意を決してる」女性がいることもある。たとえば、ほとんど会話してないにもかかわらず「連絡先交換しませんか?」と女性側から言われるようなケースである。やさしくて誠実そうな男性は、本気系の女性からはモテるが、当の本人はそんな本気度の高い女性に対してはちょっと引きぎみという状況がよく見られる。

たとえば、ある魅力的な未婚男子の場合。彼は修士号を持っていて外資IT系勤務、30代後半。「行きたくもない」合コンに「頼むから」と無理やり駆り出され、ごく自然な成り行きとして、モテる。最近は、彼を虎視眈々《こしたんたん》と狙う肉食系女子の殺気を感じるそうである。「とりあえず」関係を迫られる（！）ことすらあるとのこと。

当の彼はこう言う。

「合コンのROI（費用対効果）とROTI（投下時間対効果）の低さは、社交的な20代を過ごした男性たちは十分に理解しているはず。そうした社交力のある30代の独身男性は今さら合コンへ参加するのは時間の無駄でしかなく、そんな時間があるなら仕事をするかビジネス上のお付き合いを深めたほうが得だと知っている。また、合コンはあまりに互いの情報がないところからスタートするから、限られた時間で相手と話をするスキルがないと次につながりにくいが、実は、このスキルがある人たちはすでに既婚者になっている」

たしかにいいところをついている。30代男性にとってはビジネス面でのバリューアップのほうがより時間対効果が高いので、合コン参加意欲は低くなる。ビジネスマンとしてのバリューが上がれば良い仕事に恵まれ収入も上がるし、結果的に合コンに行かなくてもモテモテになるわけだ。

そういった前提があるにもかかわらず、女性側が、合コンで出会った男性を「社交性」が劣るというだけで「ありえなくなーい？」と切り捨ててしまってはいい出会いがないのは当たり前。

経験と年齢を重ねた女性には、現実の市場環境に対応して寛容になってほしいところである。先の女性のコメントから、「悪くない」合コンが「せいぜい」10回に1回とすると、

・10回分、4〜5万円のお金に加え、
・毎回2〜3時間の20〜30時間、かつ見知らぬ人と話すというエネルギーの消費

これだけのエネルギーを費やして、ようやく1人、しかも、その先につながるかどうかわからない……。このように合コンにまつわるミクロの事象を掘り下げていくと、合コンでの結婚成立の可能性は極めて低く、ＲＯＩがまるで合わないということが、よくわかる。これは効率、悪すぎである。

ベタテク❸ 数ヶ月遅れの誕生日メール

これは、『本気で結婚したい人のお見合い活動マニュアル』(飛鳥新社)で、カリスマ仲人おばちゃんとして知られる山田由美子さんが紹介するテクニック。

クリスマスやバレンタイン、お互いの誕生日といった「イベント」は、交際が一気に深まるきっかけとして利用のしがいがある。しかし、季節性のあるものなので、交際が始まってすぐのタイミングに、そうしたイベントがうまくやってくるとは限らない。だから、イベントはムリヤリ作ってしまおう、というもの。

たとえば、2月15日がお誕生日の相手に3月に出会った。ある程度親しくなった5月15日に「3ヶ月遅れのお誕生日、おめでとう。2月にはまだ会えてなかったので……」というメールを送る。

大事なのは、いつもの慌しい日常の中で、「僕のこと」を気にかけてくれているという事実である。自分が忘れられていないということは男にとって嬉しくないわけがない。

こうしたテクニックは、キャバクラ嬢みたいと思う人もいるだろう。そのとおり。銀座や六本木の本屋にはこうした本が所狭しと並んでいる。「an・an」や「OZ plus」でもときどき定期的に特集されている。しかし、こういった本を読む人は実は限られている。「いつかそのうちいい出会いが……」と漠然と思っているだけの人は、おそらく読んでいない。

食わず嫌いは良くない。心理学の勉強だ、くらいに思って読んでみよう。ただし、10冊読む必要はない。3、4冊読めば、実はどの本も書いているポイントは同じだということがわかるはず。しょせん、心理学であり、オトコと女という違う生き物のギャップに着目しているだけなのである。しかし、まったく読まないのと、数冊読むのとでは雲泥の差がある。

ぜひ手にして、読み込んでみてください。そして、周りの男性相手でもいいから試してみて損はない。

35歳女性、5歳年をとると、候補男性は3分の1に。

目の肥え度とちやほやされ度のクロス点が転機

女性が男性を見る目は、いいオトコと巡り会うたびに、肥えていく。時間がたてばたつほど、言葉をかえると「年齢を重ねるほど」、肥え続ける。しかも、恐ろしいことに、いったん上がった「目の肥え度」は、なかなか下がりにくい。よりよい男性を探し求めるのは、優れた遺伝子を残したいという本能ともいえるので、ある程度やむをえないともいえる。

学生の頃は、ちょっとこじゃれた居酒屋でも十分に満足して盛り上がっていたのに、社会人になるとそれでは物足りなくなる。お小遣いも増え、自腹でも少し値の張るランチくらいなら手が出る。この過程で、「見る目」は一気に肥えるのである。

社会人になりたての女性は、かなり上の世代、しかも既婚者を含むたいへん魅力的な男性たちからどんどん声がかかり、高価なお店にも行く機会ができ、気のきいたエスコートを受ける。素敵な既婚男性と不倫に落ちたり、魅力的だが結婚する気がない男に振り回されがちなのも、こうした時期である。

その一方で、女性が恋愛・結婚市場でモテる度合い（「ちやほやされ度」）は、20代～30

歳前後のどこかでピークを迎え、その後はじりじりと下がる。時間の経過には、たとえ大女優であったとしても誰も抗《あらが》うことはできない。

未来へのタイムマシーン

これは、オーネットが提供する「マッチングシミュレーション」で見ると、はっきり数字になって表れる。オーネットの数万人の現会員で、自分の条件（年齢、身長、住んでいる都道府県、学歴、年収など）と、相手への希望条件を入力することで、お互いの希望にマッチする人が何人いるかが如実に示される仕組み。

こんな例で試してみた。35歳女性、160cm、大卒、未婚。年収350万円事務職で、飲酒は付き合い程度、タバコは吸わない。東京在住。

相手への条件設定は、年収を500万円以上、年齢を35～38歳、大卒のみ、身長170cm以上、離別・死別を外して未婚だけ。タバコは苦手なので外すと、約400人もヒットした。

さらにこのシミュレーションは、実は未来へのタイムマシーンになる。自分が仮に5歳、年を重ねた場合にマッチする人がどれくらい減るかを見ることができるのである。

そこで、自分の年齢を5歳足して40歳として、相手への希望年齢も5歳ずつずらしてみる。つまり、5年先へのタイムマシーン。そうすると、マッチする人数は3分の1に激減する。

男性にも年齢要因はあるのだが、女性のほうが年齢の影響は、よりシビアに受けてしまう。結婚を希望する男性は、できれば子どもを持ちたいと思っているのが通常であるため、どうしても女性の出産年齢を気にする。したがって、何歳ぐらいの女性と結婚すれば、1〜2人の子どもを産んでくれるだろうか、というところから結婚対象の年齢を逆算してしまう人は多いだろう。

かくして、いずこかのタイミングで、「見る目肥え度」と「ちやほやされ度」はクロスし、そのあとはギャップがどんどん広がっていく。

「いつクロスするの?」と聞かれることが多い。たとえば、職場で「じゃあ若い女の子誘ってみよう」というときに声がかからなくなったのが30歳前後、ということはよく聞く。

ところが当の本人は、なかなかこの現実を認められない。なんといっても、ちょっと前まではたくさんの素敵な男性から声がかかっていたのである。当時の自分よりも今の自分のほうが世の中の酸いも甘いもわかっており、大人の女性の魅力たっぷりである。会う人から「え？　○歳なんですか？　とてもそうは見えませんね」と言われて気をよくすることもしばしば。

しかし現実には自分の人気度はじりじり下がる一方で、毎年毎年、恋愛・結婚市場にはこの前まで高校生や大学生だった若い女性が次々と新規参入してくるのである。男性は、どうしてもそちらに目を奪われてしまう。

ただし、ものは考えようである。「ちやほやされ度」は、良くも悪くも確実に右肩下がり。すなわち、「今」この瞬間が必ず一番高いのである。金融取引にたとえれば、こんなに強いものはない。今持っている株でも投信でも、明日には、来月には、確実に値が下がるとわかっていれば、とにかく売りに出せばいい。だから、一日でも早く！

ちなみに、男性も年齢とともに「ちやほやされ度」は原則下がる。太ったり、毛髪が薄くなったり、年齢の波には敵《かな》わない。ただし、男性にはこの曲線が上方に上がっていく「可能性」はある。年相応かそれ以上の社会的・経済的な成功、味や包容力が出てきた、といったものである。とはいえ、転職市場での価値と一緒で、若いうちなら、「これから化けるかもね」でポテンシャル採用される余地もあるが、一定年齢以上だと必ず「実績」「経験」を問われる。これはこれで、女性以上に厳しいといえる。

35歳女性、5歳年をとると、候補男性は3分の1に。

「見る目肥え度」と「ちやほやされ度」女性版

女性は年齢が上がれば、可能性がこんなに下がる

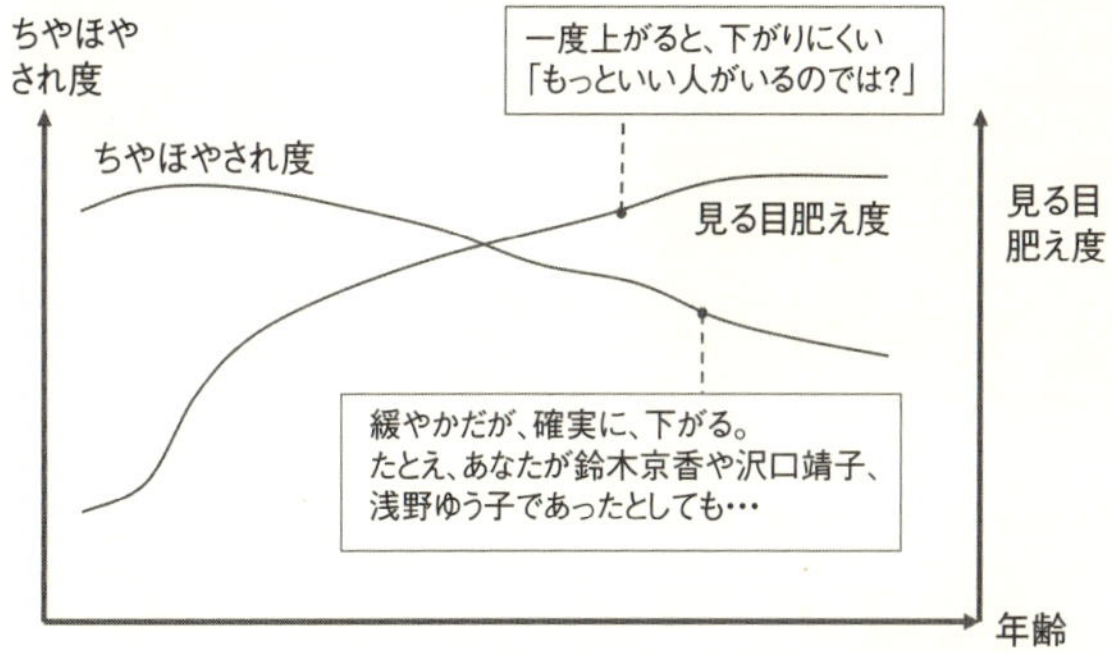

「ちやほやされ度」男性版

年齢が上がっても可能性が下がらないためには経済力などが必要

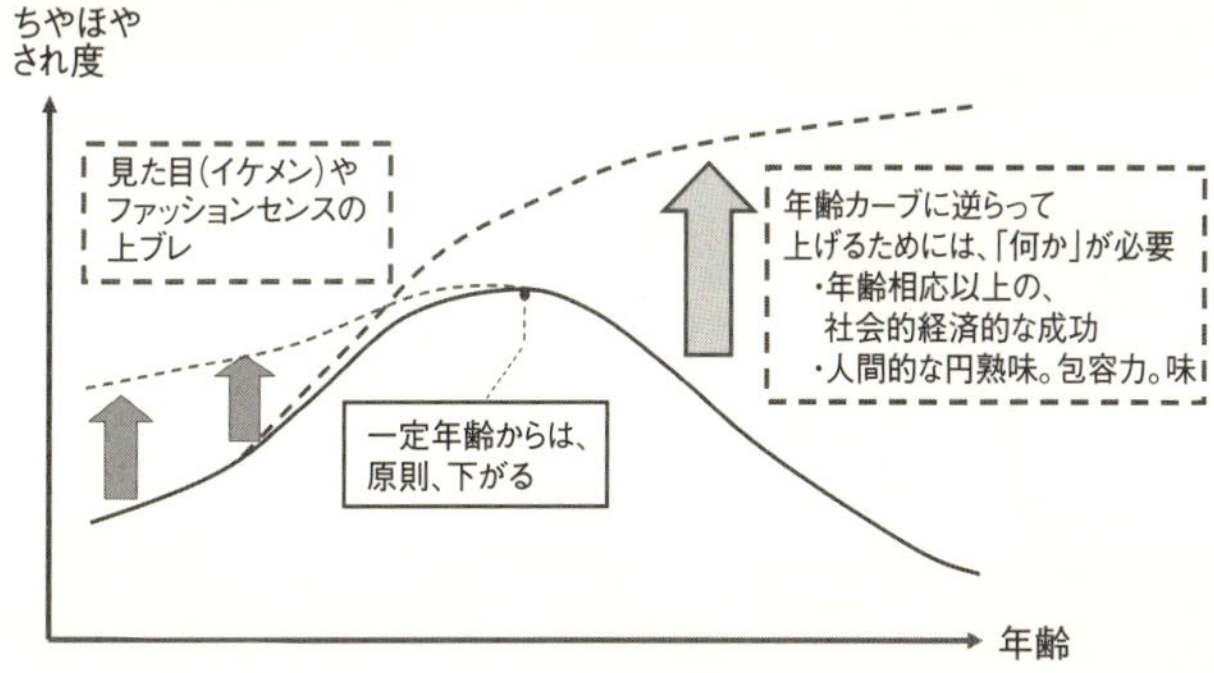

12

女は磨けば磨くほど男を遠ざける？

デキる女性がはまるワナ

ネット系の婚活サイトでよく見かける、デキる女性。ネットで婚活するリスクを取ることができる合理的な考え方を持ち、「強い」人が多い。

自己アピールはこんなかんじ。磨きに磨いた自分を、ここぞとばかりにアピールする。「NYに5年住んでました」「イタリア語ができます」「ときどき翻訳やってます」「自分で××サロンをやってます」……

などなど、「ワタシは、自立している強い女性」ということを、言葉を尽くして演出している。これは、とても、とても女子ウケする。女子高なら、きっとバレンタインデーにたくさんチョコをもらえたことであろう。が、あえて言おう。対男性には、まったくの逆効果である。

おそらく彼女らは、こうした強気のアピールを半ば確信犯で書いている。自分のメガネに適わないであろう男を、あえて遠ざけようとしている。

「こんな私に怖気づいたりコンプレックス持っちゃうような男は、はなっからお断り。会うだけ時間のムダだもん。こんな私だからこそいい、という人にこそアプローチしてほしい。私たちが求めるような男性は、ちゃんと磨いた私たちを認めてくれるはず」という考えが、見え隠れする。

これは、大きな誤解である。

たしかに世の中には、こんな自立した彼女であっても動じない男性は存在する。独身というふるいにかけても、0コンマ数パーセントはいる（まずここが大事なポイント。どう転んでも、10％はいない）。でも、彼らは、動じないけど、彼女らに惚れることも少ない。「ああ、この女性はオレがいなくても大丈夫だ。キミなら生きていける」と思ってしまう。強い男性の、「守ってあげたい」本能をまったくすぐらないのである。

目的と手段をはき違えるな

ある大手証券会社のエグゼクティブとご一緒したときのことである。彼はNYやロンドンなどにもかなり長い間駐在したバリバリの海外金融畑で、リベラルで仕事もできるすばらしい人である（ちなみにもちろん妻子持ち）。そんな実力も自信もある彼ですら、「もし『NYに5年間住んでました』とか『××××（聞いたことない外国の作家）の小説が好きです』なんて自己紹介されたら、申しわけないけど会いたいとは思わない」

が、彼の周りの女性は、可処分所得も時間もそこそこあるので、つい「自分磨き」「個性を磨く」に向かってしまう女性たちが多いという。

もちろん自分磨きは、あなたの向上心や成長意欲の証《あかし》であり、将来への投資。それ自体を否定するつもりは毛頭ない。知り合ったときは「自分になついてくる可愛い子」と思ったのに実は語学や芸術、ビジネスなどに知見が深く、そのギャップ感で惚れ直させるというのは、戦略的にも大いに有効。

よろしくないのは、目的と手段のはき違え（男性からの評価を高めるために自分磨きをする）であったり、異性との交際からの逃避（男子ウケよりも、女子ウケ狙い）になったりしていないかということ。

男性は思っているよりも、はるかにシンプルで、原始的で、純情で、古風で、保守的。それはみなさんが「いいなあ」と思うセグメントの人であっても。ぜひこのあたり、はき違えませぬよう。

13

女性の「愛の値段」は282万円！

心からの愛を、お金に換算すると……？

婚活ビジネスの現場にいると、男性は年収、女性は年齢が、結婚相手として求められる重要な要件になっていることを感じざるを得ない。

が、はたして「愛」は関係ないのだろうか……。

アクサ生命の調査を見てみよう。

まず、25～44歳の働く独身女性（全国）に、結婚相手への理想の年収を聞いてみた。平均の理想年収は552万円。まあそんなところだろうという数字である。

で、その次に、「愛する人に求める年収は」と聞くと、愛する人なら平均270万円でOKとの答え。この水準感は全国調査とはいえ、けっこう許容範囲が広い感じ。

その差額でもって、552万円－270万円＝282万円　を、「愛の値段？」とこの調査では解釈している。

アクサ生命に、この調査の質問票の言葉遣いまで教えていただいた。こうした調査は、聞き方一つで回答者の解釈が大きく変わってくる。実際には、こんな聞き方をしている。

「心から愛せる相手が現れたとします。その男性の年収が、理想の年収から最低いくらまで減っても結婚することができますか？」

なるほど。つまり、純粋に「心から愛する場合の愛情の値段分」を具体的に聞いているわけですね。

心から愛するからには、自分も稼いで支えてあげたり、慎ましく暮らせば何とでもなる、という覚悟がそこに見える。オーネットの成婚者インタビューでもこんなコメントをよく聞く。

「結婚が決まった相手は、初めに設定した希望条件とは違うけど、今の私にはなくてはならない人。素の自分でいられる人」

「思い入れ」、「共感」、「支えあい」、ひいては「愛情」なるものは、一定程度は経済力に勝るということ。「当たり前」だが、ややもすると見すごちがちなポイントである。

女性の「愛の値段」は282万円！

愛の値段：22〜44歳の働く独身女性

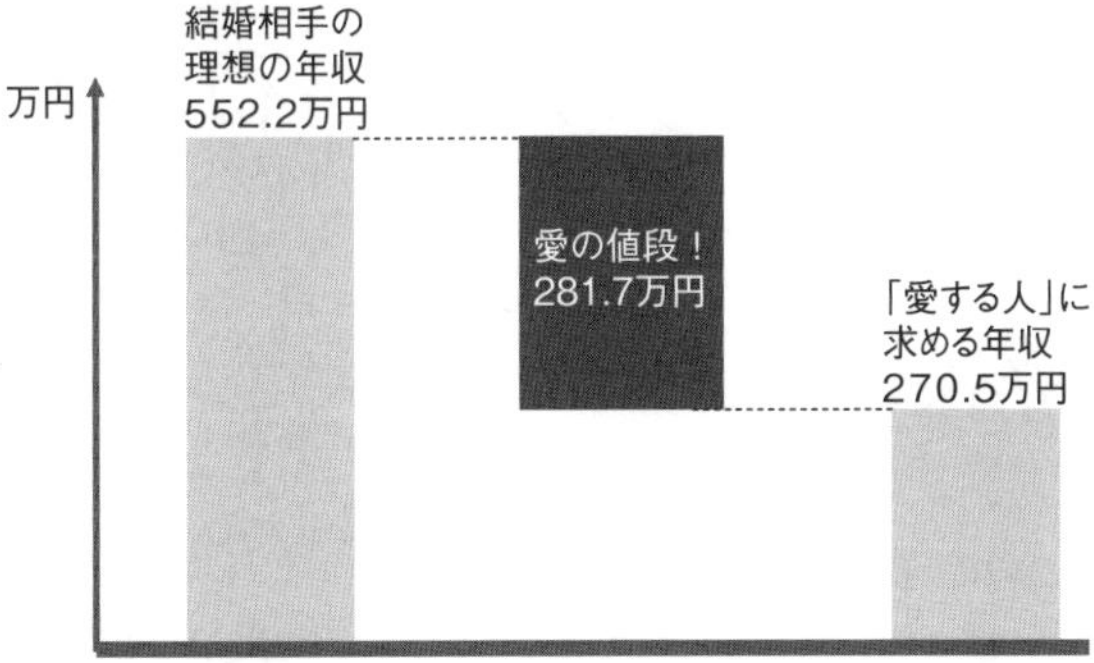

（出典）アクサ生命「オトナの女のリスク実態調査」（2010年2月実施）より

愛の値段：アラフォーの働く独身女性

アラフォー女性は「理想の水準」が切り上がっているが、「愛する人」には多くを求めないので、差分である「愛の値段」は1割以上増加している

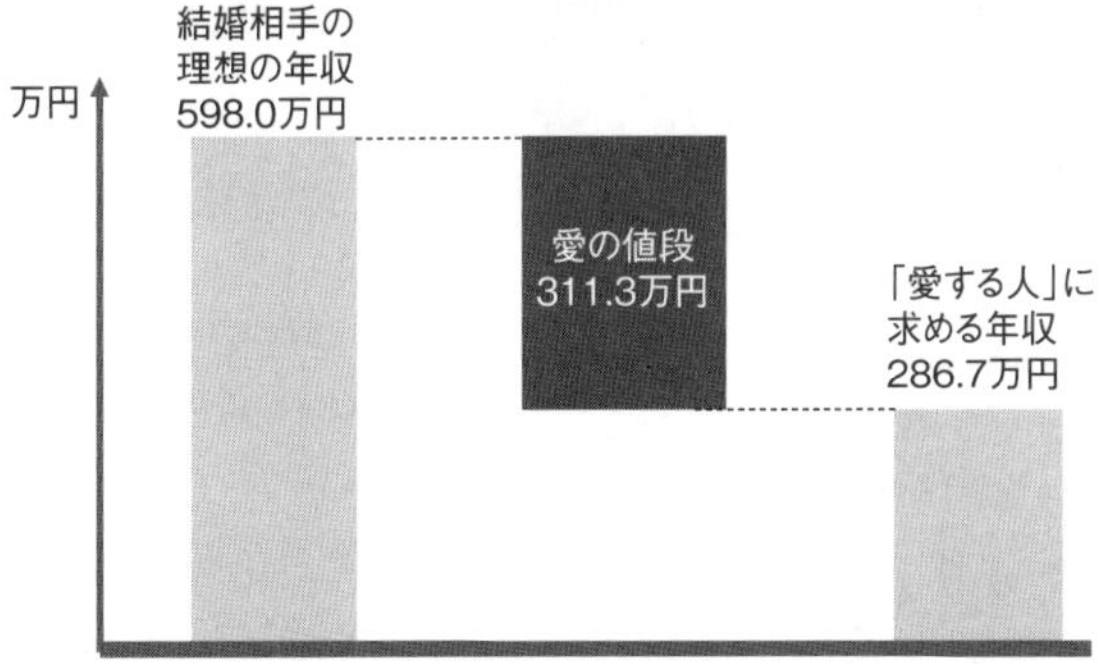

（出典）アクサ生命「オトナの女のリスク実態調査」（2010年2月実施）より

14

アラフォー女性は譲れないものが増える。

アラフォー結婚の難しさ

前項のアクサ生命の調査は、「愛の値段」282万円をさらに年代別でも切り分けている。アラフォーが「心から愛せる相手」に求める上乗せ分の「愛の値段」は311万円になる（79ページ参照）。この増加分は、「結婚相手に求める理想年収」の上昇分の寄与度が大きい。理想年収が年齢とともに切り上がっているわけである。40〜50代以上の婚活も盛んになりつつある。はたして彼ら彼女らの婚活は、成果につながるだろうか？

男女ともにお互い初婚の場合を考えてみよう。まず、男性。男性は年をとっても（とるほど？）基本は「若い女性」が好き。40代はもちろん50代になってさえ、自分の年齢を棚に上げて「子どもがほしくなったから結婚を考えたい。だから女性は35歳までがいい。20代でもかまわない」と口にする。気持ちはわからないでもない。しかし、相手の女性に15歳も20歳も上の男性を恋愛・結婚対象としてお考えいただくためには、当然のことながら何か対価が必要である。そう、経済力。しかも女性はシビアなので、たとえ50歳の男性の年収が2000万円だとしても、「サラリーマンじゃすぐに終わり。やっぱり定年のない医者、弁護士か自営業でないと」とバッサリである。それはそうだ、女性のほうが長生きなので、彼女らは40〜50年先まで考えないといけない。

男性が子どものことを言わない場合は、親の介護や自分の家事をしてくれる人を求めている場合もある。この場合でも、労働力を無償提供させられかねない若い女性は、やはり同じ反応である。

決められないアラフォー女性

一方の40代以上の女性のお相手への希望条件を見てみよう。まず、30代までとは少しフェーズが変わってくる。生物的にも体力的にも子どもを産むことが難しくなるため、その先の人生のパートナーを求めるというマインドセットに変わる。ここでのキーワードは、パートナーたりうるコミュニケーション力や趣味、それに加えてやはりある程度の経済力。「見かけ年齢」も重要で、見るからに「オヤジ」な男性はたとえ同年代以下でもNG。しかし、経済力もコミュニケーション力も持つイケてるシニア男性は、自分でもそれを自覚しているので少しでも若い女性を狙おうとする、という皮肉な状況が発生する。

かくして、男性も女性も結婚に対するニーズが存在するのは間違いない一方で、それぞれの希望条件のミスマッチは、ひょっとすると若い世代よりも大きいかもしれない。そうすると、「現実を受け入れて対応できる」という柔軟性が鍵になる。あとでも触れるが、この点でバツイチなど離婚経験者は実は現実と折り合いをつけるのが初婚者よりも上手である。どんなに相思相愛で大好きだった相手でも、やっぱり実際には嫌なところもある、ということを肌身でわかっているから、逆に許容範囲が広いのである。

もう一つの難しさは、「決められるか」どうか。アラフォーの女性たちは、これまでまったく機会がなかったわけではない。チャンスはあったのだが、「決める」力やタイミングに欠けていた。やっかいなのは、決める力は年齢を重ねたからといって身につくわけではなく、むしろ逆だったりすること。

ある懇親会の場で、独身アラフォー女性の相談を参加者のみんなが聞いてあげる形になった。彼女いわく、「これまで付き合った人は何人かいたんですけど……」。

「『これで終わりにしたくない』と思ったら、結婚に踏み切れなかった」

一同（既婚者）、「お、終わり……ですか？」と絶句。驚くみんなに、彼女から質問。

「じゃあ、結婚してる人って、もっといい人が出てきたらどうするんですか？　最高の相手と、最高の恋愛関係になったら、困りませんか？」

「××さん、それ、やばいですよ」と20代男子が彼女のことを本気で心配する。彼女の気持ちは、想像はできる。デジタル家電なんかと同じ感覚なのだろうと思う。

薄型テレビもデジカメもスマートフォンも、慌てずに買い控えて待っていれば、次々と前の機種よりも優れたものが出てくる。しかも、よりお求め安い価格で。買い急ぐと「損」してしまうかもしれない。しかし、この感覚を結婚相手探しに当てはめるのは、時間の余裕のないはずのアラフォー女性にとっては大きな間違いである。

結婚で何も失いたくない

「結婚で、何も失いたくないんです」とも言う。ふむ、正直でよろしい。

「たとえば?」と聞くと、「たとえば……自分の時間」。

「じゃあ、結婚しないほうがいいですよ。自分ひとりになれる時間は、結婚ということの定義により、減るにきまってる。それがイヤなら、一生独身で過ごしたほうがいい」

「そんなあー!」と叫ぶ彼女。……いや、そう言われましても。これぱっかりは、トレードオフ。そんなにいいとこ取りはできない。

さらに、会話は続く。

「やっぱ、いいなと思った相手とどんなに絶好調でも、しばらく付き合ってみてピンチが来ないと、それを乗り切れるかどうかわからないですよね。だから、じっくりお付き合いしないいと」

そろそろ、聞き手の男性陣の頭の中は「?」マークがいっぱい。ピンチが来るのを、「わざわざ」待つ必要がいったいどこにあるのか? 結婚する前に、ほんとにピンチが来て、それを乗り切れなかったら、いったいどうするのか? またそこからゼロリセットして相手探しを始めるのか?……ついつい既婚の男性陣は説教を始めてしまった。

このエピソードを紹介したところ、オーネットの熟練アドバイザーからこんな示唆深いコメントをもらった。

「『ピンチが来てみないとわからない……』というのは、ドラマを作りたいという、女性願望。『ここを乗り切ったから私はこの人を選んだの!』という盛り上がり、ヤマが欲しいのではないかと思います。にしても、心の奥底に収めているであろう女性たちの心情を、堂々と発信されるとは、とてもピュアでかわいらしい方です」

このコメントは、私にとっては目からウロコであった。言われてみると、先のアラフォー女性は仕事にも前向きで一所懸命で、おそらく「ピュア」である。なるほど、こう捉えてあげないといけないのか、と気づかされた場面でありました。

15

30代後半の妊娠率は52%、流産率は50%以上！

＊この「流産率」は臨床的流産と認識可能流産を合わせたものです（89ページ参照）。

年齢と不妊

ここでは、世の中ではあまり表立っては触れられにくい「年齢」と「妊娠」の話をしよう。耳をふさぎたいホラーストーリーかもしれないが、一度きりの人生を生きていくとき、いろいろな判断を下すうえで知らないと後悔する知識である。現実と、世の中の認識ギャップが大きく、それゆえに、現実に悩んでいる方が水面下でたくさんいて、深刻さの度合いも深い。

不妊を訴えるカップルが増えている。妊娠を望んで2年以上夫婦生活を営んでも妊娠に恵まれない場合を不妊症と呼ぶが、約10%のカップルがこれに当てはまるといわれる。で、不妊の要因として最も影響が大きいのが、実は「年齢」なのである。

まず、妊娠しやすさである妊孕性《にんようせい》が下がる。20代から着実に低下し、30代後半では妊娠率は52%まで下がってくる。40歳を超えると妊娠することはかなり難しくなる。このため、人工授精などの手段に頼る人も多くなる。

さらに、たとえ妊娠しても次は流産のリスクが高まる。こちらも40歳を超えると26%の流産率（臨床的流産）。45歳では生児を得るのは稀とのこと。ダウン症などの染色体異常が発生する確率も上がってくる。

マスコミ情報で錯覚するな

「野田聖子さんもお子さんできたじゃない。医学が進歩してるから何とかなるでしょ?」

これは、マスコミ情報で錯覚しやすい点なので、要注意。メディアでは、芸能人や政治家の高齢出産事例が数多く取り上げられるので、「医学が進歩している」ような感覚を持つが、それも決して万能というわけではない。体外受精や代理母といった手段まで用いて、ようやく、という人も多いし、野田聖子さんも流産や体外受精を繰り返し、他人の卵子を使っての結果である。その過程で、おそらく数百万円単位の費用もかかっているだろう。

一方で男性は、「自分は子どもができないことには関係ない」と考えがちだが、実際の不妊カップルでは男性側の原因も30%程度ある。精子の数、泳ぐスピード、運動力といった受胎要因も、20代の男性と比べると40代の男性では3分の1くらいのレベルに落ちる。

友人の産婦人科医が言う。

「毎日、たくさん不妊に悩む方がやってくる。でも、どんなに最先端治療に費用をかけても、年齢に勝る対策はない」

30代後半の妊娠率は52%、流産率は50%以上！

妊娠率の推移

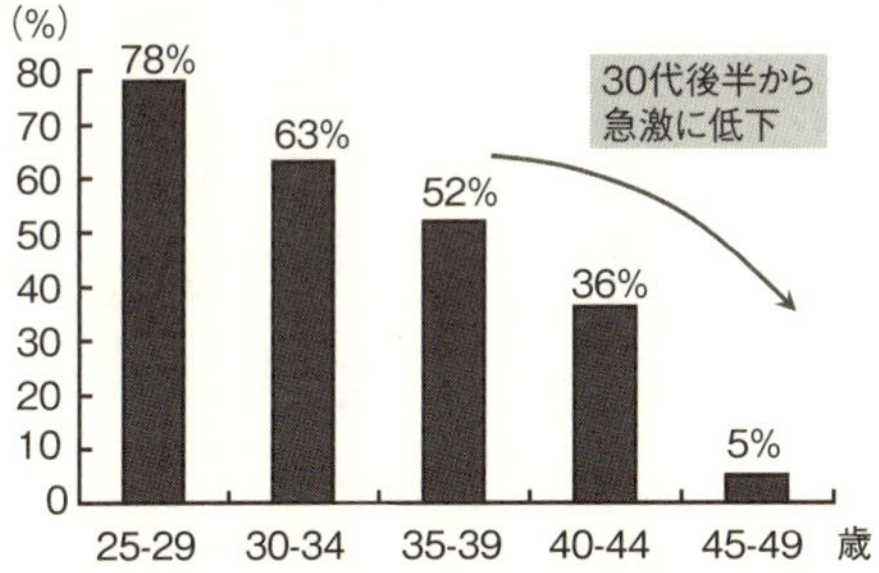

（出典）The Fertility Sourcebook / M. Sara Rosenthal

流産率の推移

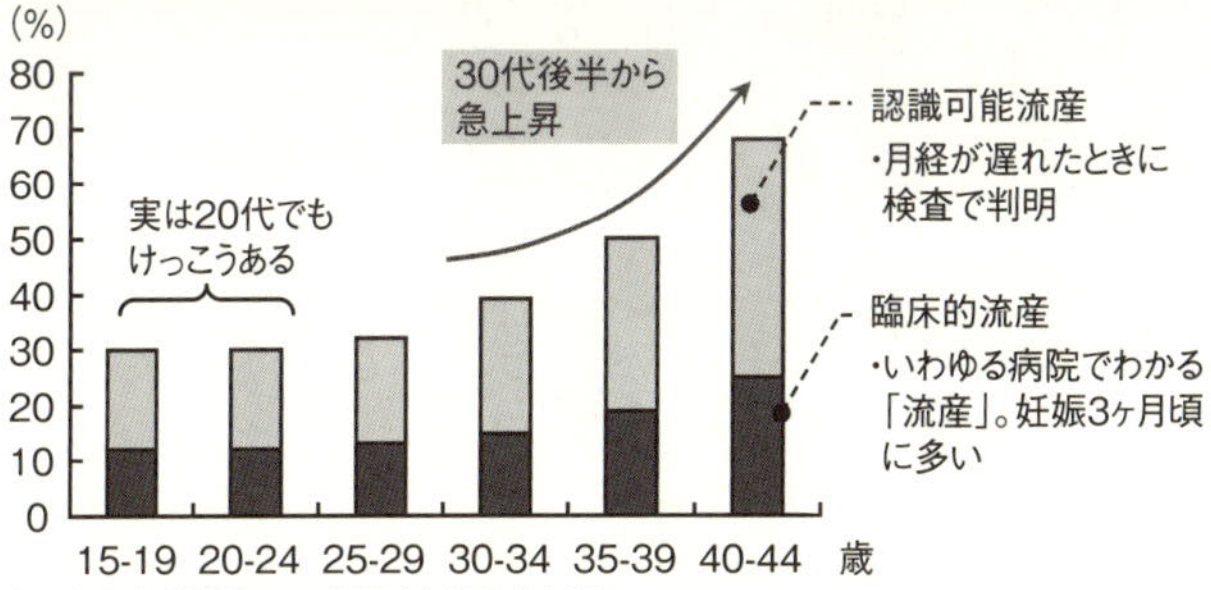

（出典）鈴木秋悦『今日の不妊診療』（医歯薬出版）

16

合計特殊出生率1・37。少子化の原因も、実は結婚難だった！

子ども手当を婚活手当に変えればいいのよ!!
何に使うのよ！
婚活
既婚

夫婦が持つ子どもの数は減っていない？

合計特殊出生率（女性1人当たり一生涯に産む子どもの数）は、基本的にどんどん右肩下がりを続けてきた。

2005年には1・26と、最低を更新し、2009年には1・37と若干盛り返してはいるものの、世界でも最低水準だ。この数字はいろいろな場面で取り上げられるので、なじみが深い読者の方々も多いだろう。

が、もう一段突っ込んで考えてみよう。「出生率」というのは、

・結婚したカップルが何人の子どもを産むのか、

・何組のカップルが結婚するのか、

という2つの要素に分解できる。というのは、日本では婚外子というのは極めて例外的であるから。

93ページの、真ん中のグラフを見ていただきたい。実は、結婚した夫婦から生まれる子どもの数というのは、ずっと2.2人前後を行き来していて、今のところほぼ横ばいを保っているということがわかる。

一方で下のグラフからは、結婚するカップルの比率、すなわち既婚率は急激に、かつ継続的に下がり続けていることもわかる。2005年の国勢調査では、30代前半の男性の48%、女性の32%が独身である。

これらの事実から何が言えるだろうか。

まず、「少子化」対策の一丁目一番地は、子ども手当でもなければ保育所の充実でもなく、結婚対策なのだ。もちろん、子育て対策が重要ではないと言っているわけではない。優先順位の話である。

結婚の数を増やさなければ、それも、年齢が若く出産可能性の高いうちに結婚する人たちを増やさないと、少子化の流れをとめることはできない。

国の政治家、霞が関官僚は、現場から遠く離れているので、形式的な議論しかできていない。「少子化の原因は結婚が減ったからであり、結婚難は若年層の経済格差のせい」といった本音の議論は封印されがちだ。

婚活イベントの効果は?

一方で、より生活の現場に密着している地方自治体は、少子化問題の原因は実は結婚難

合計特殊出生率の推移

日本の合計特殊出生率は継続的に低下

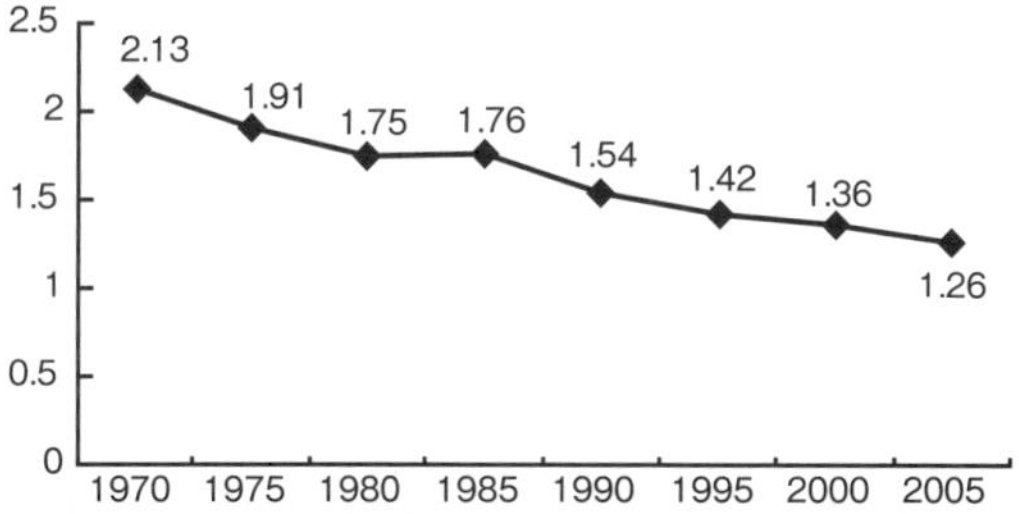

既婚女性が出産する子どもの数の推移

既婚女性の出産子ども数は横ばいだが…

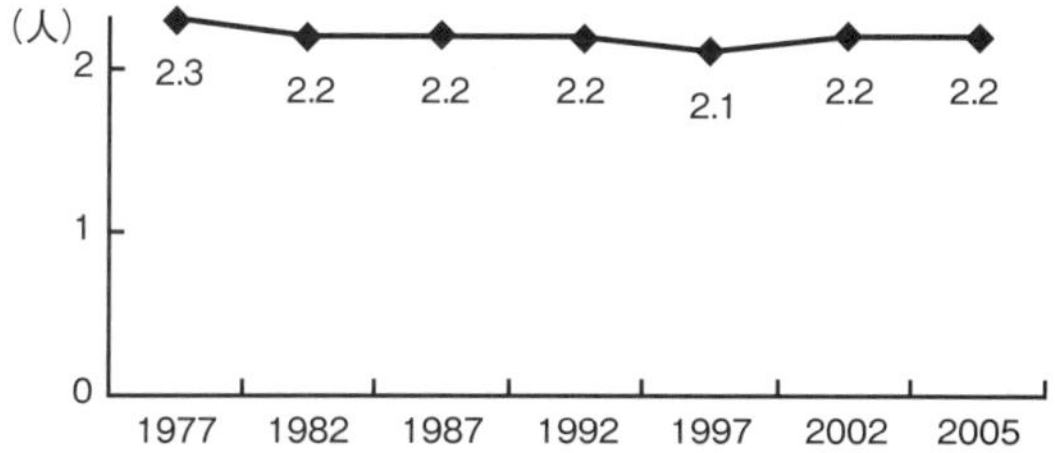

既婚率の推移

20代、30代の既婚率が大幅に低下

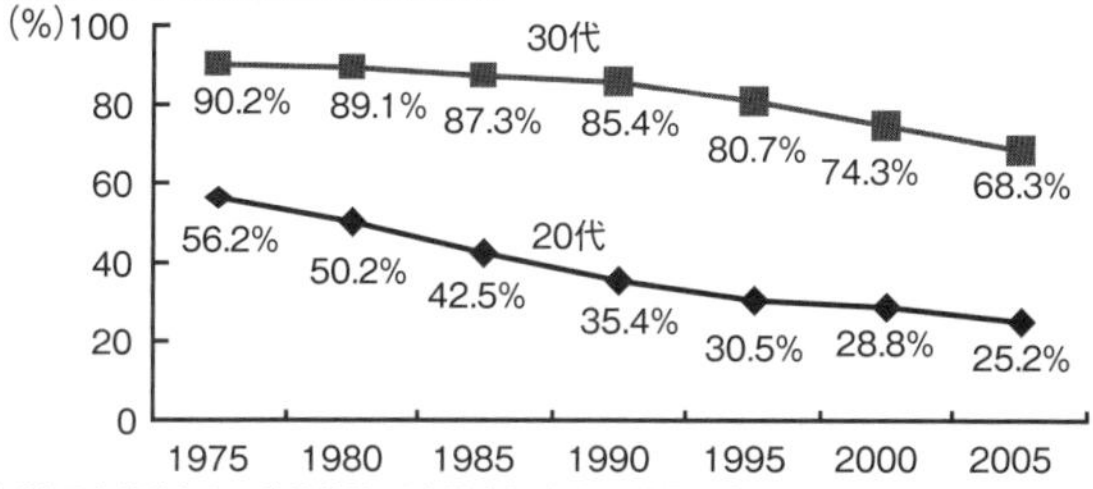

(出典)厚生労働省人口動態統計、国立社会保障・人口問題研究所より

だと肌身で感じている。このため、たくさんの自治体が婚活イベントを主催したり、相談コーナーを設けている。民間企業が提供する婚活に「不安」「お金をかけたくない」と思っている独身者の参加者数は多いし、親御さんに「あなた、行ってきなさい！」と言われてしぶしぶ来る人も。

しかし、どこの自治体も個人の問題にどこまで踏み込んでいいのかは、悩みのタネ。また、婚活イベントをすればすぐに結婚する人が増えるほど婚活は簡単ではない。

そもそも出会いの機会が少ない人たちなので、異性とのコミュニケーションには不慣れで、形だけの自己紹介は何とかがんばっても、フリートークになるとどんどん口数が少なくなってしまって、シーンとして食器の音しか聞こえなくなる、という話をよく聞いたりする。

このため、自治体は議会や住民から「かけている費用に見合った結果は出ているのか？」と追及されると、反論しにくいのが実情である。

私見だが、個々の独身者の行動を大きく変えるには、イベント開催よりも、独身よりも結婚したほうが得になるよう税制を変更することが最も効果があると思っている。

税率自体を変えるのか、結婚した人たちや子どものいる人の控除率を大幅に上げるのか、異論はさまざまにあろうが、事は差し迫っている。このまま既婚率が下がると、今は横ばいの「出産子ども数」が減少に転じよう。なぜなら初婚年齢が上がってきて、産みたくても実際に2人、3人産める可能性が低くなるから。

フランスのように婚外子を認めてもいいかもしれない。ただ、婚外子が一般的になるためには、前提として女性の社会的進出や産み育てることへの制度的・社会的サポートが劇的に改善されないといけない。これは、時間も労力も意識改革も大いに必要。税制を変えるほうがはるかに短期的、かつ容易に人の行動は変わる。あえて厳しいことを言うなら、「独身で何が悪いのか？　子どもなんか要らない」と自ら独身や子どものいないライフスタイルを選びとる人には、将来老後を迎えても若年世代の税金に頼ることはしないでもらいたい。それはキリギリス的なフリーライダーである。

今、世界で経済が比較的うまくいっている国は、シンガポールにしても中国にしても、国がけっこうな強権を発動しつつ、上手に国民を誘導しているように見える。結婚というものは自由放任では実はうまくいかない、ということに気づいてもらって、ときにはアメとムチを使い分けて、独身者の目先の居心地の良さから背中を押すような政策にしてもらえるとみんなハッピーなのに、と思う。

Step
2

実践篇　問題解決のヒント

00

婚活成功の完全方程式！

成果＝出会いの機会×交際成功率×決断力

たくさんの人と出会う
煮え切らない彼と別れる（2コマ進む）
はっ！あぶない
不倫の関係におちいる（ふりだしに戻る）
今の彼でいいか悩む（1回休み）

婚活成功はまずはこの方程式から

さて、Ｓｔｅｐ１では「ホラー」な婚活マーケットの事実ばかりを話したので、うなだれてしまった方も多いかもしれない。が、この事実を見据えて、解決策を提示するのが、戦略コンサルタントの仕事。いわば、ここからが腕の見せどころである。

コンサルタントはビジネスの場面で、因数分解をよく使う。

たとえば、コンビニで「売上」がぱっとしないとき、売上＝客数×客単価と分解すると、どっちが悪いのかが見えてくる。

お客さんは微増しているのに、実は「ついで買い」が大きく減っていたとする。そうすると、客数を増やすために客集めのチラシをまくことがいかに的外れな打ち手かということがわかる。

分解することで、力の入れどころ、抜きどころがハッキリくっきり見えるようになるのである。抽象的なことを具体的に考えたり、判断を下すときにも使い勝手がよい。

「恋愛力」や「結婚力」も、因数分解することで、見えてくるものがある。何が自分に足りないのかを見極め、冷静に対処していくことができるのだ。

そして、その公式は、極めてシンプル。

成果＝出会いの機会×交際成功率×決断力

つまり、たくさん出会って、かつ、成功率を上げよう、そして決めてしまおうという話だ。

それぞれの要素についてこれから説明をしていこう。

出会いの機会

まずは「出会いの機会」について。Ｓｔｅｐ１では、〝運命の出会い〟なんてものがいかにありえないかを説明した。だからこそ、「偶然の出会い」を待っていてはいけない。なにをさしおいても、出会いの絶対数を増やさねばならない。

ちょっと分野の違う経営の話になるが、ライフネット生命の出口治明社長の著書『「思考軸」を作れ』（英治出版）には、意思決定力を高めるためのコツは、「インプットの絶対量を増やすこと」とある。思考の材料なしに、「アイディアが降りてきた」り、「天啓がひらめく」ことはない、と断言している。

「運命の相手に出会えた」というのも同じことではないか。

自分にとってリアルな判断基準も比較材料もないところで、「この人こそ、運命の相手だ」とは思わないだろう。もしそれでもピンときたなら、単にルックスが好みなのでは？と自分を疑ってみること。

いろんな人に実際に会って、いいところ、いやなところ、楽しいこと、つらいことの経験が積み重なっているからこそ、「この人こそ運命」というのが徐々にわかるようになってくるんだと思う。

出口社長は、こうも書く。

「最初は自分で選ばず、とにかく大量に（情報を）取り込む」「『そんなことをしたら時間がムダになるのでは』という心配も要りません。必要か必要ではないかと迷っている時間の方がもったいない（略）。多少は痛い目をみなければ何が真実で何が偽物かを見分けられる目は養われない」……これ、経営の話です。恋愛とますます一緒では？

ただ、あなたの時間は限られているから、量も大事だが質も大事。質は、最低限自分が求める条件の範囲にあることが重要だ。

また、結婚する気のない相手とズルズル付き合うというリスクにはまらないことも大切だ。

婚活に悩む女性からよく聞くのは「5年付き合っていた彼が、結婚してくれるのかと思いきや、『ごめん、オレ、キミを幸せにする自信がないから、他の相手を探したほうがいい』と言われた」という話。

男性はやさしいことを言っているような錯覚をしがちだが、女性にとってこれは、極めて残酷である。私の5年を返して、という話だ。こういう相手と付き合うのは、女性にとって極めてハイリスクだ。時間も出会いの機会も奪われる。もちろん、不倫は論外だ。

不倫は最悪

30代を不倫で過ごしていた美しい40代の女性の話は、けっこうよく聞くし、かつ、「普通の」女性にも多い。

不倫に陥りやすい女性の特徴は、「男らしい男性からの押しに弱い」「つらい状況であっても、耐え忍ぶことができるし、そんな自分がちょっぴり好き」「相手に合わせるのがうまく、気遣いができる」といったことが挙げられる。これらは実は、いわゆる「良妻賢

成果＝出会いの機会×交際成功率×決断力

「不倫が最悪」なのはなぜか？

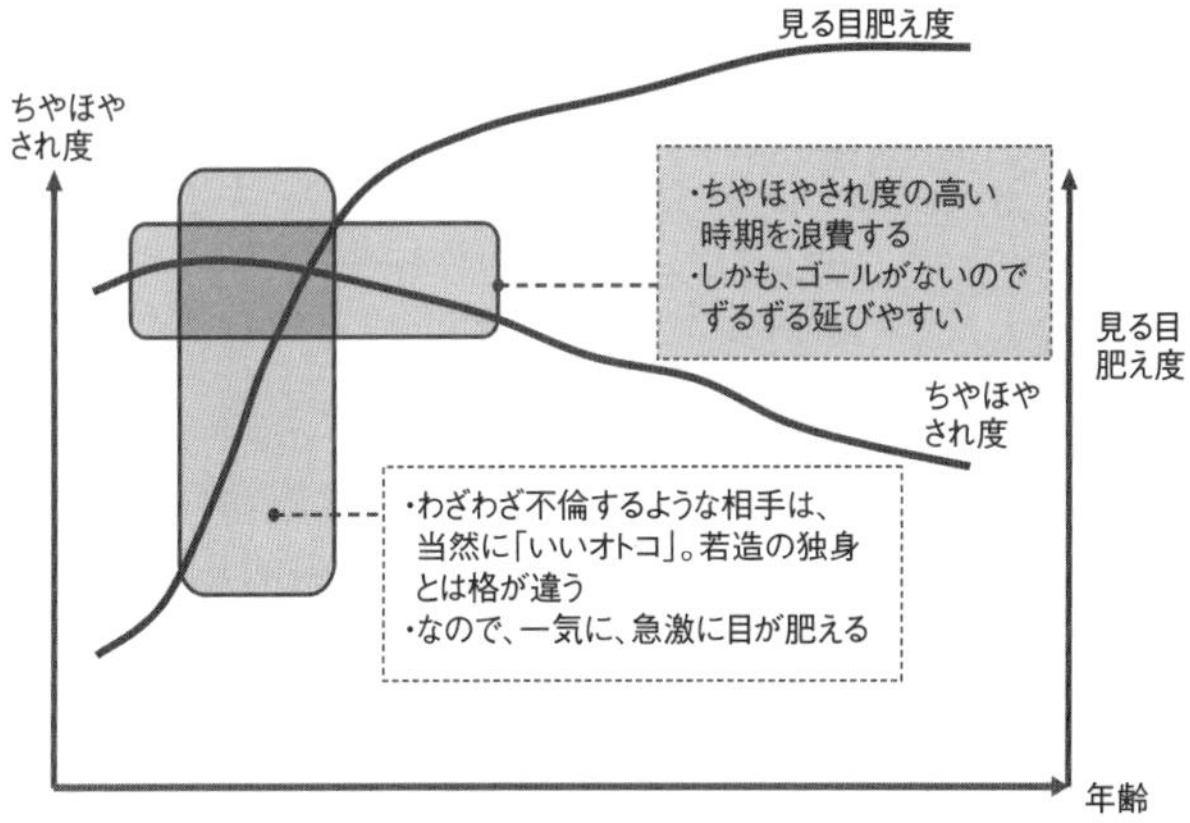

2つの曲線に、ダブルでダメージを与えてしまう

母」の要件とほぼかぶっていたりするので始末に悪い。育ちのよい女性ほど、素直にまっすぐ育った女性ほどワナにはまるリスクがあるのである。

独身女性のみなさんに、結婚に向けて「お勧めしないこと」はいろいろあるが、中でもこれは最強。少しでも結婚する気があるのなら、不倫だけはやめましょう。百害あって一利なし。

理由を3つ（103ページの図表参照）。

・最も貴重で希少な資源である「時間」を浪費する。

・ただでさえオトコを見る目が肥えているのに、もっと肥える。かくして、将来のお相手候補の幅が狭まり、自分の首を絞める。

・他のオトコに興味が薄れる。「私、別に不自由してないの」という強がりも含めて。したがって出会いの場所に出なくなるし、出たとしてもお相手候補の独身男性に敏感に察知される。「ああ、オレには興味ないいんだ」と、モテなくなる。

一生「恋愛」で生きるのだ、という確固たる決意があり、かつ今後もブレない自信があるなら何も言いません。しかし、少しでも「結婚」「家庭」を「いいなあ」と思う気持ちがあるのであれば、「いつか本命になれるかも」「やさしくしてくれるし……」といった希望的観測はすべて捨てること。不倫相手の男性が「やさしい」のは当たり前。なぜなら彼はあなたを本命にしてあげられない罪悪感をずっと抱えているから、金銭的なプレゼントも甘い言葉も惜しみなくかけることで、贖罪《しょくざい》しているのである。

相手の男性から明確な行動を伴うコミットがない限り、きっぱり別れましょう。不倫関係を続けたまま別の独身男性と付き合ってはいけない。独身男性はほんのわずかでも不倫の影を感じた瞬間、一気に醒める。そうでなければ、「この女性はその場だけの関係でいい、便利な相手なんだ」と思われて複数男性の二番手に甘んじるということにもなりかねない。

交際成功率

出会いの機会の次に重要なのは、交際成功率である。

女性誌の特集だとどうしても、恋の成功の秘訣は自分磨き、という話になってしまう。いわく、外見を磨こう、ファッションを磨こう、話題を仕込もう……。

しかし、これだけでは足りない。むしろ自分磨きはアピール方法を間違えると逆効果であるのは、Ｓｔｅｐ１でもお話ししたとおり。

交際成功率の鍵となる、「惚れさせ力」を上げるためには、もっとベタなテクニックのほうが効く。「ベタなテクニックといわれても……」という方のために、本書では「ベタテク」をコラムで紹介しているので参考までに。

そして、「惚れさせ力」以上に、大事なのが実は「惚れ力」。相手を好きになる力である。たとえば、男は「オレに気があるのかな、この子」と思えば、好みのタイプや条件などすべて吹っ飛んで、気になり始めてしまう生き物。相手の仕草を自分に都合のいいように解釈するし、女性のウソも疑わない。

つまり、「惚れ力」があれば「惚れさせ力」までアップさせることができるのだ。

男性のいいところを探して好きになれる女性は強いし、それをうまく表現できたら最強だ。ただし、戦略を持って臨むべし。

ある恋愛勝者のアラサー女性が言っていた。彼女は「『片思い』という言葉が、懐かしい」のだそうだ。別に、彼女が劇的にモテるようになったというわけではない。

「片思い」という状態は、何も戦略を持っていない「宙ぶらりん」の状態を指す。今の彼女は、そんな片思いに胸を痛めていた中高生のときとは違う。

気になる人ができたら、正面からぶつかっていくのか、まずは側面情報の収集から始めるのか、ちょっとしたジャブ打ちをして様子を見るのか。見切りポイントを定めてダメならすっぱりあきらめるのか、少し時間を置いて冷ましてみるか、押してダメなら引いてみるか……。

いくつもの戦略オプションを持ち、自分の得手不得手もわかっている。だから、何もなすすべのない宙ぶらりん＝片思い、という状態はありえないというわけ。交際成功率を上げるには、何よりも「惚れ力」、そして「戦略」だ。

決断力

最後に重要なのは決断力である。出会いもあり、交際成功率が高くても、いつまでも決められない人もいる。「いい人がいればそのうち……」と考えているうちは、会う相手を減点法で見てしまいがち。でも、「とにかく相手を見つける」となると、プラス思考に変わってくる。

たとえば、ある女性を例にあげよう。

ルックス、性格、ほぼ完璧。したがって定義によりモテる。

結婚する気もあって、週に2回は出会いの場を持っているそうだ。その意欲はすごい。なのに、なかなか決められない。相手に求める条件はとても多い。経済力は当然の前提。たとえば、個人投資家で数億円の資産のある男性と会ったときでも、見かけが好みでないというだけで、「二人の生活を想像できない」、「良いお友達でいましょう」という展開になったという。

では、彼女が想定する、ありとあらゆる条件を満たして、かつ彼女のことを愛してくれる人に会えたとして、そのとき彼女は、どう言うだろうか？

「あまりに完璧すぎて、怖い。彼の気が変わって捨てられたらどうしようとか、浮気されるんじゃないかと思うと、不安になる」

「あんなすばらしい人が独身でいるなんて、絶対何かわけがあるに違いない。後からそれに気がつくとイヤだ。どうしよう」

……ものは言いようである。いま、満点の人でも、潜在しているリスクまで言いはじめれば、決めない理由はいくらでも見つかる。

なので、この場合結婚できない原因は、相手に求める条件の高さではない。彼女の「決めたくない」心理が最大のハードル。

人間、選択肢を失うのは怖い。できれば、ずーっと勝負をかけずに、「やろうと思えば何でもできる」という選択の余地を残したままにしておきたい。

たしかに、選択肢が一生増え続けるなら、それはそれで幸せかもしれない。たとえば、お金は最たるもの。使い切れないくらい貯めても、増えれば増えるほど、買えるものやできることの選択肢は広がる。

でも、残念ながら結婚や恋愛は違う。「時間」という最大の制約要因があるから。待てば待つほど、選べば選ぶほど、着実に選択肢が狭まっていく。

なので、この女性への回答はこうだ。マインドセットを変えない限りどうにもならない。具体的には「いついつまでに必ず決めるという時限を切ること」をお勧めしたい。

01

出会いの機会

出会いは需給バランスのギャップを狙え。理系の研究所、激務の職場、自治体の合コン。

男子比率が高い場所

「理系男子比率の高い会社では、女性の社内結婚が多そうだ」という仮説を持った。

これは、かなり言えてると思う。

実体験のエピソード。私は、大学では体育会系の運動部に所属していた。その運動部には、大学付属の看護学校の女性たちも入ることができる。もともと男性比率の高い大学だったうえ、かつ物好きにも体育会に入るとなると、女性比率はとても低い。男子：女子は8：2から9：1くらいになる。

さらに、国立の総合大学だと、体育会では理系男子比率が高くなる。たぶん文系男子よりもストイックで生真面目なのであろう。また、都市部よりも地方高校出身者の比率も高かった。したがって、見知らぬ女性との会話や社交は苦手な人が多い。

一方の看護学校の女性たちは、看護師を目指そうというだけあって、世話好きだし、自立心もある。おまけに気がきいて、人が嫌がりそうなことも甲斐甲斐しくこなす。

こういう男女同士が、週に3、4回は顔を合わせる。年に何回かは合宿や遠征試合など非日常の時間や空間も一緒に過ごす。泣いたり笑ったり、喜怒哀楽を共にする。

自然と、看護師の卵たちはモテるようになり、複数の男性から言い寄られることもしばしば。部内カップルの結婚は、とても多い。有望な理系男子は学生のうちに実質的に結婚が決まっていく。

この例を見てもわかるように、女性がモテるには、男女の需給バランスが崩れているところに積極的に出ていくことが重要。女子会ノリの延長線で合コンをしても、「自分磨き」をしても、求める成果を得る可能性は低い。一見、むさくるしいところ、他の女性が食わず嫌いで避けているところにチャンスありと心得るべし。

職場でいえば、高収入を狙うなら激務の職場。たとえば弁護士事務所やコンサルティング会社の受付や秘書、サポート職。徹夜続きで疲弊しきっている男性に、笑顔でねぎらいの一言をかけてみる。これで結婚するパターンは多い。ただし不倫も多いのでそちらにはご注意を。

地方での合コンは意外に狙い目

同じように、自治体や企業などが主催する地方の男性との合コンやパーティも面白いものがある。一つの事例を紹介しよう。

「間伐コン」という、「森ガール」と林業従事者との合コンがテレビのある番組で取り上げられていた。都会の女性が山間地域に行って林業に従事する男性と知り合おうというもの。売り文句は、「カップル成立率、70％以上！」である。

20代の森ガールたちが東京からバスに乗り、山梨へ。さすが、流行の森ガールなので、見かけも話しぶりもあか抜けていて、感じもいい。縁結び神社にお参りして気分を盛り上げてから、林業の男性たちとご対面。こちらも笑顔の爽やかな好青年たちである。

山に入ると、道なき道で、足元がおぼつかない。立ち往生する女性に「大丈夫？」と手(軍手着用)を差し伸べる男性は、彼女いない歴29年の男性。二人でノコで木を切るときも、手を重ねあう。男性が背中から支える感じになるので、けっこう密着する。ノコの次はチェーンソー。これは男性の独演。大きな木がメリメリと切り倒されるときは、すごい迫力である。夜はバーベキューで、それからマッチングタイム。

結果、なんと7割が連絡先を交換した。ここでのポイントは、

・自分が一番輝く場所であること。毎日が山仕事の彼らにとって、若い女性が自分たちの世界にわざわざ来てくれるのは大張り切りの見せ場である。きっと彼らの潜在的な肉食魂にも火をつけることであろう。一方女性側も、山歩きのとき、木を切るとき、非日常

の場面での男性がどれだけ頼もしいかを実感する。作業着の機能美は、個人のファッションセンスを覆い隠してくれるのも好都合。

・チェーンソーの激しい音響や倒れてくる木にドキドキすると、いわゆる心理学の「吊り橋効果」（吊り橋をドキドキしながら渡るとき、一緒に渡っている人に対してドキドキしているのかと錯覚し恋に落ちること）が発生する。

・最後の告白タイムは日が落ちた後のバーベキュー。夜の暗さは七難を隠し、美化する。

こう考えると、成立率70％は驚くにはあたらない。

出会いにつながる趣味やスポーツは

いろいろな趣味やスポーツの集まりを探すのもいい。婚活目的に使える「集まり」のチェックポイントを挙げてみよう。

・少しストイックであること。向上心があって求道的な男性は、良いダンナになる確率が高い。ジョギング、マラソン、自転車あたりはよさそう。あまりに参加のハードルの低い「ゆるい」集まりだと、参加者の意識も低い。

・ちょっとした懇親会があること。やはり、相手の人となりを知ることができて、軽くアプローチもできる場、させてあげられる場は必要。
・ツアー性のある行事が入るともっといい。長距離移動や宿泊は、距離感が一気に縮まる。写真撮影、秘湯や名所旧跡巡りなどもよいかも。参加者の構成には要注意だが。
・〝団体競技〟ではないこと。たとえば合唱や劇団などはメンバーが固定化しやすく、人間関係が必要以上に複雑化しがち。メンバーに溶け込むのに時間がかかり、かつ抜けるのにも大変というのはお勧めしない。
・メジャーすぎず、「イマドキ」すぎないこと。メジャーになると、流行感度の高い、イケてるライバルたちがどんどん参入してくる。需給のバランスが不利に働いてしまう。たとえば、「皇居ラン」は少し前まではよかったが、今だと競合が厳しそう。
・お金がかかりすぎないこと。お金がかかる＝既婚者、もしくはすべてをそこにつぎ込む(つまり結婚は二の次の)独身者が多いといえる。なので、スキューバなどはイマイチか。
・女性が複数でつるんで参加していないこと。女子会の分科会を作っても意味がない。

こうした観点で、SNS上などのコミュニティを探してみてはいかが？

02

出会いの機会

普通の女性が敬遠する場に勝機あり。アキバ系男子、ＡＫＢのファン、鉄道マニアは深掘りせよ。

原石を掘り起こせ

女性はよく口にする。

「誠実で」「私思いで」「浮気をしない」「そういう人なら、他はどうでもいいんです」。

しかし、実際にデートすると、「会話が続かない」「ずっと黙っている。こちらから話すのを止めたら黙ったまま不忍池を一周してしまった」「何も決めてくれない」……。

これは、二律背反な難題を求めているということに気づかないといけない。

一般に肉食系と呼ばれる男性は、初対面でも会話の切り出し方や続け方がスマート。でも、あなたとの初対面の会話がうまくいくということは、彼は他の女性ともうまくいくのである。したがって、当たり前にモテる。よほど倫理観が強くなければ、こういう男性にある程度のヒマと金があれば浮気は避けがたい。

一方で、いかにもリアルの女性慣れしていないセグメント。たとえば、「鉄ちゃん」と呼ばれる鉄道マニア。服装はあまりイケてないかもしれないし、鉄道分野以外の会話は不慣れ。鉄道がすべてに優先するので、せっかく遠くまで出かけても駅弁が最高のグルメ。

でも、数字に強そうだし、凝り性で仕事にもこだわりを持っていそうだし、いかにも誠実で実直であなた思いになってくれそう。独身のうちこそ彼らは、どこかの線が廃止になると聞けばどんな遠くでも出向いていくだろうが、そんなもの、結婚してこちらが主導権を握ってしまえば何とでもコントロールできそうだ。

「アキバ系」だって、食わず嫌いはもったいない。フィギュアを集めるのが趣味だったとして、AKBにはまってたとして、それで何か人に迷惑をかけているか？　お金をかけすぎているようなら、小遣い制にして決裁権を握ればいいのである。

何より、彼らはリアルの女性慣れしていない。鉄道マニアが集う現場で不慣れそうな、でも鉄道に好奇心のある女性がいたら、みんなしてとっても親切にいろいろ知識を語り、薀蓄《うんちく》を教えてくれるそうである。そこで目をキラキラさせて「えーそうなんですか！」と素直に感激を表現すれば、口説きのテクなんて一切不要である。

男性の土俵に上がる

ここまで「オタク系」でないにしても、男性は何かと凝り性なので、人知れず持っている強みやこだわりの分野があることは多い。問題は、それを自分で強みだと自覚してなかったり、人との会話に落とし込めるくらいに言語化・表現できないこと。

なので、女性へのご提案。

彼の得意分野、彼の土俵に上がってみてはいかがでしょう。

たとえば、メカ好きなら、一緒に家電量販店に行ってみる。今流行《はや》りのＰＣ、デジカメ、スマートフォンのことを聞いてみる。あるいは店員さんとの会話をリードしてもらう。山登りが好きなら、入門コースに連れて行ってもらう。もちろん、その前には準備のために登山ショップに一緒に行って靴や装備を選んでもらう。

きっと、その男性の違う面、キラキラした眼や表情が見られるはず。

「えー、なぜ私がそこまでしてあげなきゃいけないの？」って？

自分の強みを理解し、会話に織り込んで面白おかしく話せるような男子は、とっくに売れているか、遊び人と思ったほうがよい。もちろん稀には独身のダンナ候補は存在するが、その確率を待っているだけでは始まらない。原石の掘り起こしをやりましょう。

これは戦略である。戦略は、自分のライバルの少ないところ、勝てるところを選んで勝負を仕掛けないといけない。勝てない戦いをしてはいけない。需給のギャップがあるところを探しさえすれば、チャンスは必ずある。先にチャンスをものにして、いろんな人と会ってみてからじっくり決めればいいのである。

03

出会いの機会

お見合い、合コン、結婚情報サービス……。自分の性格に合う、出会いの手段を見極めよ。

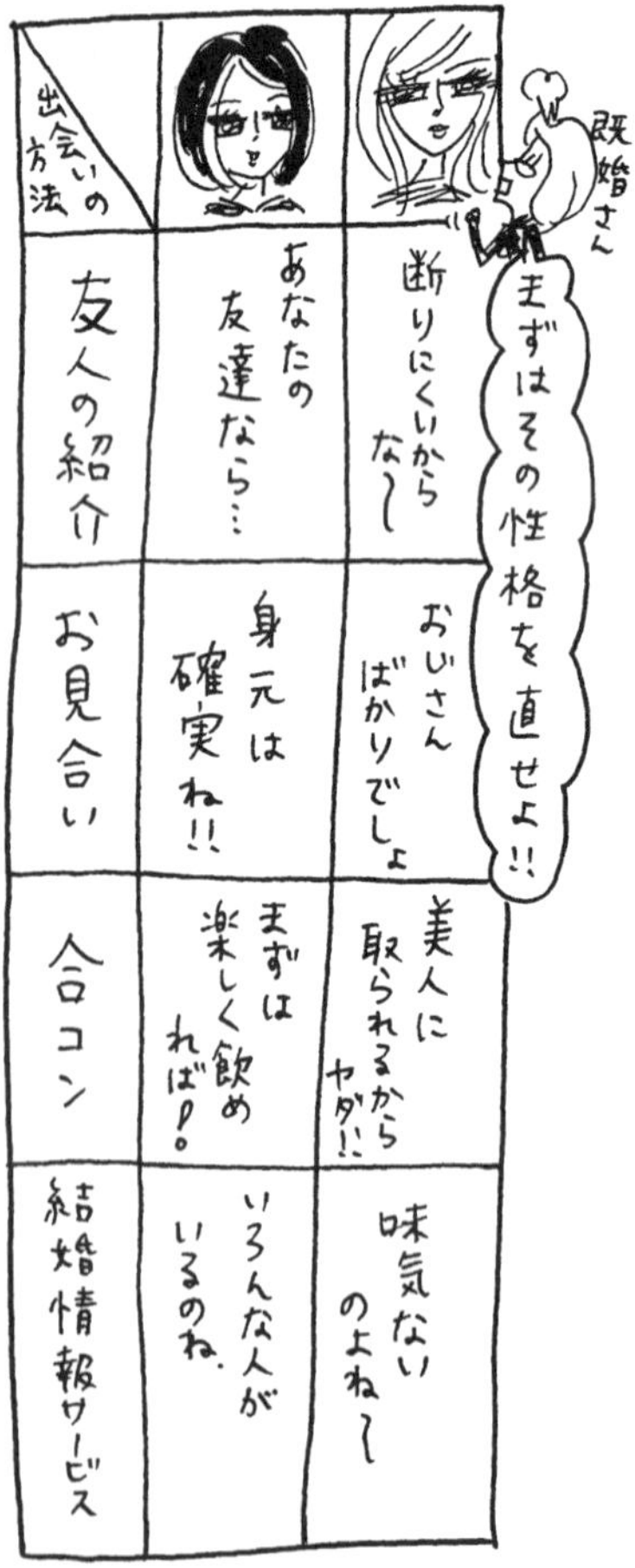

出会いの方法	（女性A）	（女性B）	既婚さん
友人の紹介	断りにくいからなー	あなたの友達なら…	まずはその性格を直せよ!!
お見合い	おじさんばかりでしょ	身元は確実ね!!	
合コン	美人に取られるからヤダ!!	まずは楽しく飲めれば！。	
結婚情報サービス	味気ないのよねー	いろんな人がいるのね。	

出会いの手段、メリットとデメリット

お見合い、知人の紹介、合コンから、高収入男性など属性を絞った結婚相談所、ネットの結婚紹介サイト、そしてオーネットを含む結婚情報サービス……。婚活ブームの影響も受けて、出会う手段はいまや、いろいろある。

それぞれにセールスポイントと弱点があり、性格によって合う合わないがあるので、客観的に紹介してみたい。

お見合いは、トラディショナルな手段。一般的に認知されていて、恥ずかしさもない。仲人によって事前に相手がスクリーニングされているし、親の賛同も得られている前提で気が楽である。でも、現実問題、いわゆる仲人さんや、世話好きのおばちゃんが、周囲かららどんどん減っているのは明らかだ。

知人の紹介のいいところは、あなたと相手のパーソナリティをよくわかってくれていて、大きな失敗がないこと。さらには自分では気づいていない面に着目してくれることもある。弱点は、個人ネットワークだけに限界があること。紹介してくれると言ってたけど、ぜんぜん紹介してくれないじゃない、ということもありがち。まだまだ時間に余裕のある方は、

これでもよいだろう。

婚活の定番である合コン。お手軽だけど、複数参加である合コンではある程度の瞬発力が必要だ。相手の男性の結婚本気度の見極めもしたいところ。女子仲間に敵を作らない配慮も求められる。こうした「押し」「引き」といったちょっとした駆け引きが苦手な人が、合コンで成果を出すのは難しい。

もっと大規模な20人対20人のような「婚活パーティ」などもある。こちらも構図は合コンと似ていて、瞬発力が求められる。女性同士の参加だと、男性が声をかけにくかったり、女性同士お互い微妙に牽制しあったりという点は同じである。

パーティや合コンでは、女子仲間に対して平気で抜け駆けできることも成功の秘訣。女子ウケが気になる方には向いていない。

結婚相談所や結婚情報サービスもさまざま

結婚相談所や結婚情報サービスはどうだろうか。結婚情報サービスにもいろんな形がある。

まずネットの結婚紹介サイトは、安く、家や携帯で活動できて、気軽。しかし、気軽ということは、相手にとっても気軽ということ。相手がどれだけ本気で結婚する気があるか見極めにくい。かつ、独身証明や本人確認、所得や学歴の証明書提出が必須でないため、なりすましリスクはありうる。したがって、自己責任で行動ができる方、あるいは、自分の眼力で相手を見極める自信のある方向きといえる。

「医者や高収入男性、セレブ外国人」のみが会員だという都市部のみに存在する結婚相談所は、女性に夢を見せてくれる。良心的なところもあるが、一般に女性の会員は数十万円単位のかなりの高額の費用を支払っている。一方で男性は無料か、せいぜい数万円で、これまた本気度は決して高くない。「タダ飯が食えて女の子と知り合えるから、頼むから来てよ」と言われてやって来ただけ、という男性も多いと聞く。

逆に、女性は、安くはない費用をつぎこんでいるので、「お金を払ったからには選ばせてもらうわよ」と、やる気満々。かくして男女の温度差は大きくなり、普段着でやる気のない男性に対して、着飾ってきている女性は質問攻め、男性はドン引き。

したがって、「私はそんなやる気のない男性でも落としてみせる！」という自信のある方には選択肢としてありうる。逆に、男性からすると、収入や社会的地位が目的になっている女性でも気にしない、という方ならかまわないだろう。

オーネットを含む大手結婚情報サービスは、データマッチングでの紹介、会員同士のイベントやパーティ、あるいは毎月の会報誌からの申し込み、支社での写真検索など、いろいろな出会いに向けた仕組みがあり、いろんなチャネルで活動できる〝百貨店型〟である。アドバイザーが担当する点もネット系にはないメリット。自分で気づかないことを気づかせてくれたり、ときには耳の痛いことも言ってくれる。が、ネット系に比べれば決して安くはないし（オーネットの代表的なプランで初期費用11万円、月会費1万数千円）、心理的ハードルもあるだろう。

まあ、逆にいえば、男性もそれだけの投資をしているわけで、本気で結婚を考える方にとっては、合理的な手段といっていい。

お見合い、合コン、結婚情報サービス……。自分の性格に合う、出会いの手段を見極めよ。

婚活手段の比較

「婚活」と言っても、手段はいろいろ。まずは特徴を知る。同時並行で試すのもアリ

婚活手段	セールスポイント	弱点	こんな人に向いている
知人の紹介／個人のお見合いおばちゃん	・自分のことをよく知ってくれている ・手厚いケア	・個人的なネットワークのみ ・いつ紹介がくるかわからない ・知人だと断ると気まずいことも ・成婚料をとられることも	・まだ「時間」に余裕のある人 ・安心感を強く求める人
合コン・パーティ	・お手軽 ・情報開示の必要なし ・友達と参加できる	・相手の属性がわからない ・聞きにくいことは聞けない ・友達と参加しては、出会いはない！	・人見知りせず瞬発力ある人 ・友達に抜け駆けできる勇気のある人
属性を絞った結婚相談所	・医師限定 ・一流大学限定、年収限定など	・女性の会費が割高 ・男性の本気度が低い	・高人気の男性に選ばれる自信のある女性 ・収入や地位目的の女性でも気にしない男性
ネットの出会い／結婚紹介サイト	・安い ・自宅で登録・活動 ・会員数が多い	・本人確認や独身証明などの確認が弱い ・気軽なゆえに相手の本気度が見えにくい	・自己責任で動けて眼力に自信がある人 ・ネット上のコミュニケーション力がある人
結婚情報サービス	・個別ツールが充実。仕組みが練りこまれている ・リアルチャネルで安心 ・アドバイザーによる気づき	・総支払い費用は高め ・登録に出向くのに、気恥ずかしさがあり、エネルギーが必要	・ある程度費用を払っても効率的に広い可能性を追いたい人 ・気づきの機会を得たい人

04

出会いの機会

希望年収を200万円下げれば、対象男性は2倍に！

相手の年収をどこまで求めるか

女性が男性の年収にこだわるのは、今の社会では結婚や出産が自分の年収やキャリアをあきらめる引き換えとしての保険の意味もある。

が現実問題として、彼女たちが望む年収１０００万円以上の30代前半の独身男性はＳｔｅｐ１で説明したとおり、極端に少ない。その条件を追い求める限り、出会いの確率は絶望的なほど低くなる。

が、逆に女性が、収入にこだわらなくなった瞬間に競争環境は劇的に変化する。

山田昌弘氏は、著書『結婚の社会学』で、「結婚は、男性にとっては『イベント』、女性にとっては『生まれ変わり』なのである」と述べている。つまり、男性にとっては仕事が人生の中心なので、結婚は一つのイベントに過ぎないが、女性にとっては人生が大きく影響を受けてしまうから、女性は条件も多くなるし慎重になるというものである。

これは、ものは考えよう。もしあなたがキャリアや収入を持っているならば、大いに「逆手」に取れる思考法だ。他の大多数の女性が「生まれ変わり」の呪縛で、動けなかったり決断できないのを尻目に、「イベント」として自由自在に相手を選ぶことができる。

こんな有利な立場を生かさない手はないと思うのである。仮に、結婚や出産をしても、キャリアや仕事をあきらめなくてすめば、収入減の保険分まで見込んだ高年収を相手に希望しなくてすむ。

たとえば、先に紹介したオーネットの会員対象のマッチングシミュレーションでこれを試してみよう。ある女性の自身の条件設定と相手への希望条件を固定し、希望年収だけを変えてみる。

世の中の独身男性のボリュームゾーンである500万円前後が、変動する幅が広い。たとえば、年収「700万円以上」を条件とした場合から、「600万円以上」と100万円バーを下げると対象者数が1.5倍にもなる。さらに、「500万円以上」ゾーンまで許容すると2倍に膨らむ。もう一段許容できるなら、世の中に多く存在する年収300～400万円ゾーンの男性も一気に対象になってくる。

この数字、この可能性の広がりを、どのように捉えるか。どう考えるか。自分で年に1000～2000万円以上、さらにはもっともっと稼ぐつもりがあるならば、相手の候補数が一気に2倍、あるいはそれ以上に広がるのだ。

たまたま、収入に恵まれないだけの良い男はたくさん存在する。イケメンで選ぶもよし、

成婚カップルの平均合算年収は1000万円近い

自動的な右肩上がりは期待しにくい時代…

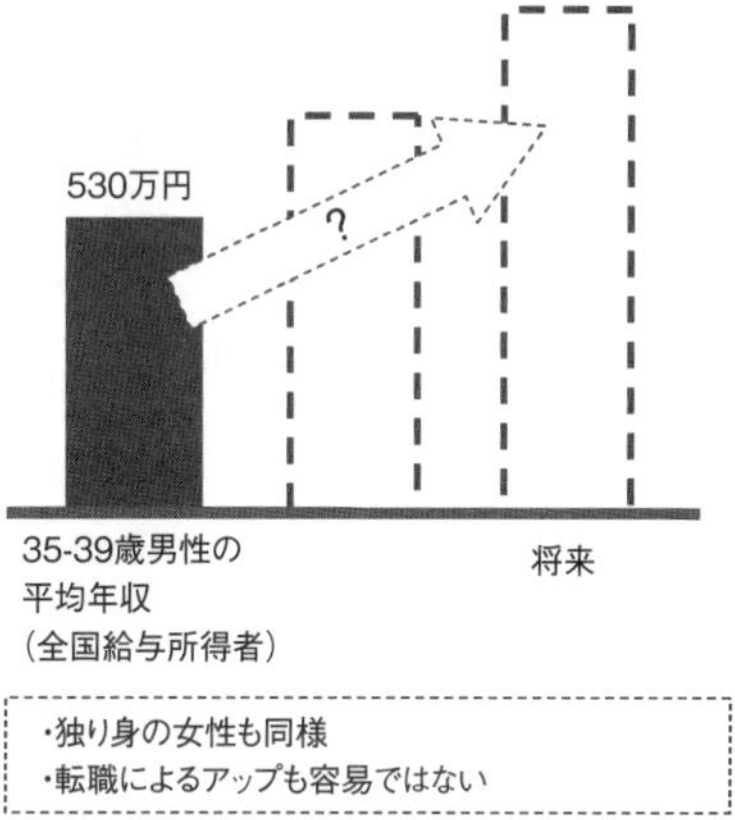

結婚は、世帯年収大幅アップの手段！：オーネットでの成婚カップルの例

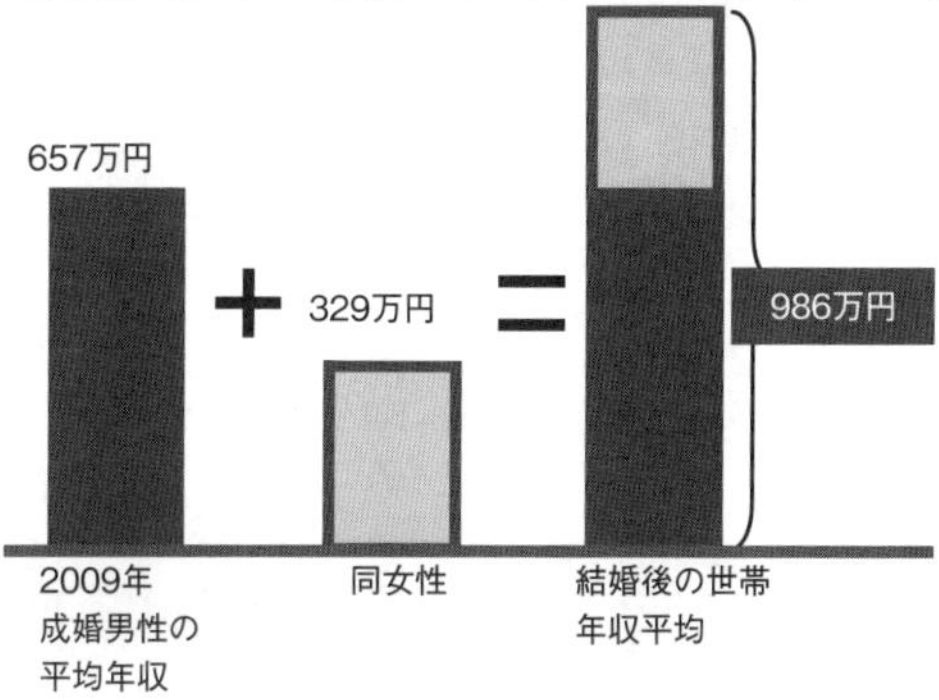

（出典）2008年国税庁調査、オーネット

天使のような性格を選ぶもよし、高い知性を求めてもいい。

収入合算はお互いにメリット

また、収入合算を考えると世帯収入は一気に増える。もはや、男性の収入に世帯収入を頼ってはいけない。今の男性の勤め先の安定度はどんどん低下している。

私の就職活動は1990年で、当時は「好景気」「日本の時代」といった言葉ばかりが躍っていた頃。そんな中、私は、相対的に処遇のよさそうな銀行業界、中でも「少数精鋭」をうたう銀行に内定したが、入行式の直前に格付けはみるみる下がり、その銀行は勤めてからわずか7年で経営破綻した。

企業の栄枯盛衰のスピードは、ネット社会到来以降さらに加速度を上げている。長期的な安定を求めても、もはや会社の寿命は、普通の人間の労働年数よりはるかに短命になっている。しかもこれは、景気循環の波による変動でまた戻るといったものではないことがほとんど。

一生のうちに少なくとも1回、運が悪いと数回そうした荒波に飲まれたり、あるいはずぶずぶと沈むリスクにさらされる覚悟が必要なのである。

こんなとき、家庭の収入ソースが複数あるのは強い。業種が違うともっといい。片方が運悪く職をなくして、次を探さねばならないときも、時間の余裕を持って、あせらずじっくり職探しができる。

収入ソースが複数あることのメリットは、こうしたダウンサイドのリスクを緩和するだけではない。今の世の中、大化けするチャンスはどこにどのように転がっているかわからない。

「ひょっとして面白そうかも」と思える話に、飛びつけるかどうかの踏ん切りにも、配偶者が働いている場合はプラスに働く。リスクがないところにリターンはないのが世の常だが、配偶者に収入があることで、思い切ったリスクを取ることができるのである。

ちなみに、２００９年にオーネットで会員同士で結婚したカップルの年収を合算すると、９００万円を超えてくる。ざっくり言って、男性の平均年収が６００万円、女性が３００万円といったイメージである。いまどき男性が年収を３００万円アップさせる転職や処遇の改善はなかなか望むべくもない。女性にとって６００万円アップはもっと困難だろう。もう、夫婦の合算で考えるべき世の中がとっくに到来しているのである。

05

出会いの機会

ピアノの先生や秘書は独身が多い？ 対して、看護師はモテモテのわけ。

もてもて
今度、ナース服でピアノ教えてみようかしら
…それは違うと思うわ…
秘書
ピアノの先生

ピアノの先生と保険会社秘書の共通点

「うちの業界って、美人で、気立てもいいのに、なんであの人が独身なんだろうという人が多い」

そんな話を、ピアノの先生と、ある保険会社の秘書室の人から聞いた。

たまたまとも考えられるが、よく考えてみると、ピアノの先生も秘書も、実は独身が長くなる条件がそろっている職業なのだ。

たとえば、

・出会いの機会がない。

ピアノの先生が毎日会うのは基本は生徒さんだけ。子どもたちか、リタイアしてヒマができた方が多い。

一方大企業の秘書は、社内恋愛がやりにくい。トラディショナルな会社だと、男性陣は「秘書の女性」と社内恋愛して、万が一トラブルになるリスクを恐れるので、本気で寄りつかない。かつ、一般に保険会社に勤める男子は婚期が早く、社内に恋愛対象はほとんどいないはず。

・出会いがあっても、続かない。
ピアノの先生は夜にレッスンが入っていることも多く、普通の人と、時間が合わない。実質的に自営業なので、ヒマになることに潜在的な恐怖感があり、スケジュールはあいている限り埋めたくなってしまう。かくして、デートしようにも、空きがなくて予定が入れられない。

秘書は、職業柄、自分から前に出る行動パターンに慣れておらず、一歩引くことが美徳であり、かつ求められるミッション。なので、瞬発力やアグレッシブさが要求される「多対多」は苦手。合コン、パーティでも目立たない。
・育ちが良い。あわてなくていいし、相手への期待水準も高い。
ピアノの先生になるくらいだから、幼少期から親がお金をつぎ込んできているケースが多いだろう。音大受験準備にもかなりの費用や投資が必要だし、何より「音大に行かせよう」という気持ちになること自体、親の余裕の表れ。また、こういう家庭では父親が立派であることも多い。そうすると、結婚相手にも父親レベルかそれ以上の相手を求めるケースが多い。

秘書も、周りに成功者をたくさん見てきており、また役員に連れられて美味しいものを食べ慣れていて、目も舌も肥えている。

かくして、美しくて気立てのよい人が独身のまま残っていたりするわけだ。

看護師の成婚が早いのは

一方の看護師さん。実は、看護師さんは、結婚情報サービス業界にとって、とても重要なセグメント。オーネットでも、数千人を占めている一大勢力であり、かつ男性陣からの人気が高い。結婚が決まっていくのも早かったりする。

彼女たちの職場も、女性が多く、かつ夜勤など不規則な勤務体系なので、出会いの機会は極端に少ない。しかし、仕事上、合理的な判断を瞬時に求められることが多いためか、結婚情報サービスへの入会も「出会いのための合理的手段」と割り切っている方が多いようである。

男性にとっては、白衣の天使のイメージで、面倒見がよく、労《いたわ》ってくれたり、癒してくれたりしそう。何か万一のことがあっても安心できそうだ。

ここには、働く女性のみなさんにとっていくつかのヒントがある。
・男性は、原始的。「やさしそう」「癒してくれそう」といった要素にはすごく弱い。

・周りに出会いの機会が本当に少ないと、割り切って行動に移すことができる。逆に、中途半端に周りに異性がいたり、期待薄だけど合コンの予定が入っていたりすると、かえって機を逸する。

よくセミナーで聞く、「うちの会社、30～40代で独身で残っている女性の方は、とてもキレイでおしとやか。『なぜこの人が独身?』といつも驚く」という話も同じ構造。

まず20代。彼女らはとてもモテる。素敵な人たちから声がかかり、美味しいものを食べに連れて行ってもらえる。ただし、ここで問題なのはその大半の男性が既婚者や「遊び人」であること。そんな彼女たちは、同年代男性にとっては憧れであるけど高嶺の花。一方、「普通ゾーンの」女性たちは、同年代の男性たちと付き合い、どんどん結婚していく。

30代になると、同年代男性たちも仕事に脂が乗ってきてイケてくるのだが、もはやみな既婚者。一方、「キレイでおしとやか」な女性たちは、いつの間にか魅力度に下方圧力が……。誘ってくれていた男性たち(これも既婚だが)もいつの間にかいなくなる。

でも、今さら自分から男性にアプローチするなんて、やり方もわからないし、ちょっぴりプライドだってある……。かくして立ち往生するという構図なのである。

なぜ、「キレイでおしとやかな女性」は残りがちなのか

20代半ばまでは、女性は全体に上位に立つ。トップクラスの女性は、受身で選ぶ立場

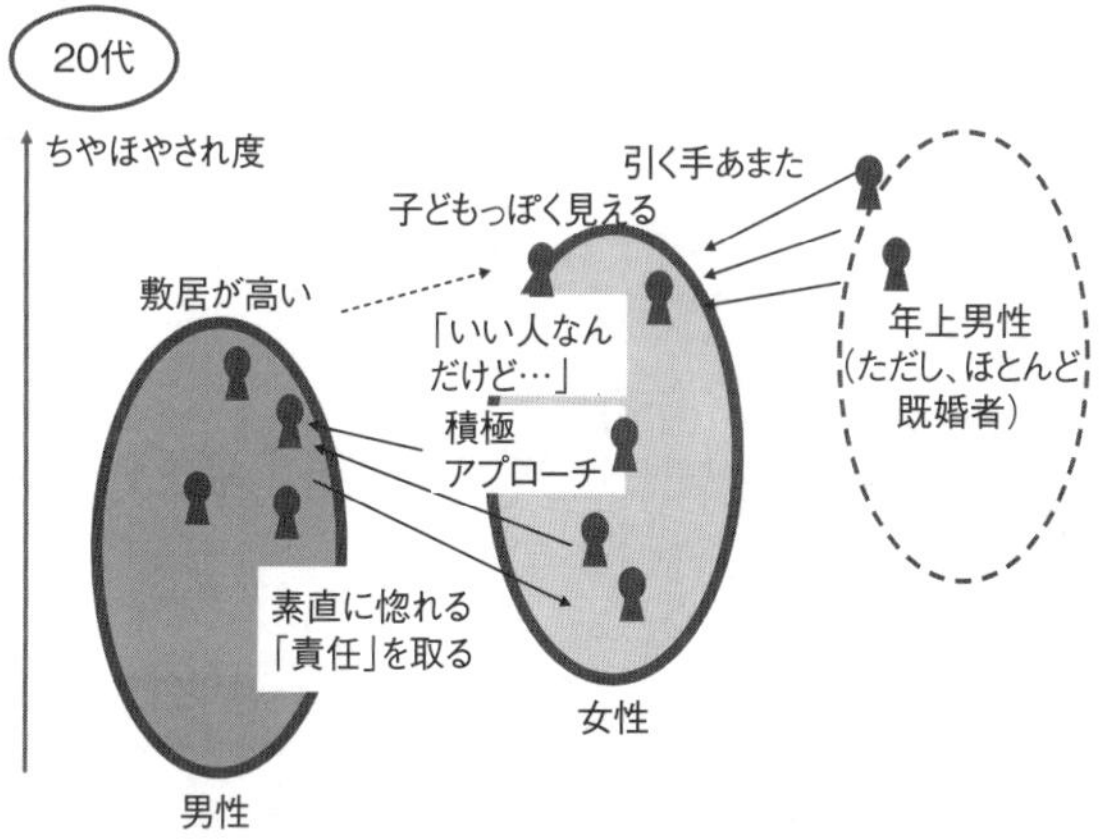

30代以降は、いまさらどう動けばいいか、わからない。意識も変えないといけない

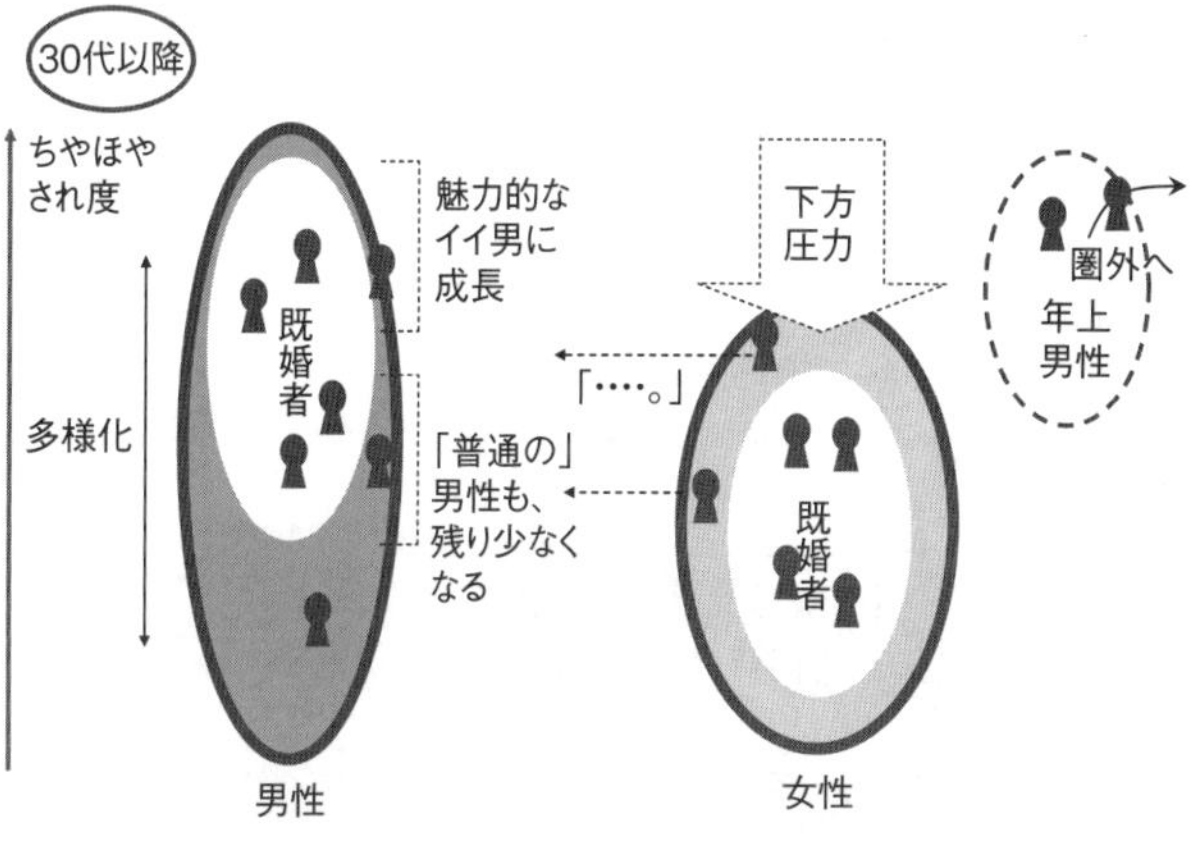

06

交際成功率

男は、みんな「素直」「やさしい」「気がきく」女性が好き。それを熟知した戦略で！

素直
このメタボ野郎！
やさしい
この黒烏龍茶でも飲みな～！
気がきく
キャップ開けといてやったから!!
あ～
ダメでした…
既婚
あたりまえだろ!!

男性と女性の求めるもののギャップ

三浦展の著書『下流社会　第2章　なぜ男は女に〝負けた〟のか』（光文社新書）に男性が女性に期待するものと、女性が自分を評したものとを比べたグラフがある（141ページ参照）。グラフの左から、男性はどんな人が好みか、という順に並べている。

つまり、「僕は、女性はやさしくて、明るくて、気がきいて、素直で、礼儀正しくて、思いやりがあって、健康的で、癒し系がいいな」ということである。

一方で、女性に「あなたは自分を評してどう思いますか」と聞くと、「私は、自分の考えをしっかり持っている」がぬきんでて高い。「私は、個性的」も多い。

男性の回答で「個性的」が右端にあることからおわかりのように、男性は女性に個性をまったく求めていない。「女性は別に個性的である必要はない、オレに対してやさしくて素直で思いやりがあって癒してくれればいい」。これが男性の隠された本音だといえよう。

女性誌がよく特集を組む「個性を磨きましょう」的なものは、男性ウケという面に限っては、大きな間違いだ。女性は乗せられてはいけない。

この話をすると、「この『好み』って、一般的な男性であって、イケてる男性の好みはちょっと違うんじゃないんですか？（もっと知性や教養や社交性を求めるんじゃないの？　という仮説）」という質問があるが、残念ながらそんなことはない。

スペックの高い男性であっても、女性には大前提として、「素直」「やさしい」「気がきく」を求める。知性や社交性は二の次だ。これは私のこれまでの何十回にも及ぶセミナーで、毎回検証されている。では、どうするか？　何も性格から変える必要はない。

まずは、シンプルに「笑顔」から。

笑顔は、「やさしく」「明るく」「思いやりがあって」「癒してくれる」あなたを想像させる、女性にとっての最強の武器。

そうでなくても、コミュニケーション慣れしていない男性は不安なもの。相手の目をしっかり見て、笑顔で声をかけることから始める。「当たり前」といえば当たり前だが、やってない人があまりにも多いので、かなり、効く。

ちなみに私のこの話を聞いた女性たちから、「お店でやってみました！　ドリンクが無料になりました！」「タクシーでやってみました！　おまけしてくれました」といった速報が続々届いた。……いや、そっちで使うのはちょっと違うのだが。でも、彼女らのその成功体験はきっと明日の合コン、婚活に生きることであろう。

男性が好きな女性のタイプと、女性が考える自分らしさ

「カシコイ」女性は、交際初期は「やさしく」「癒し系」を演じ、いざ結婚してから豹変する

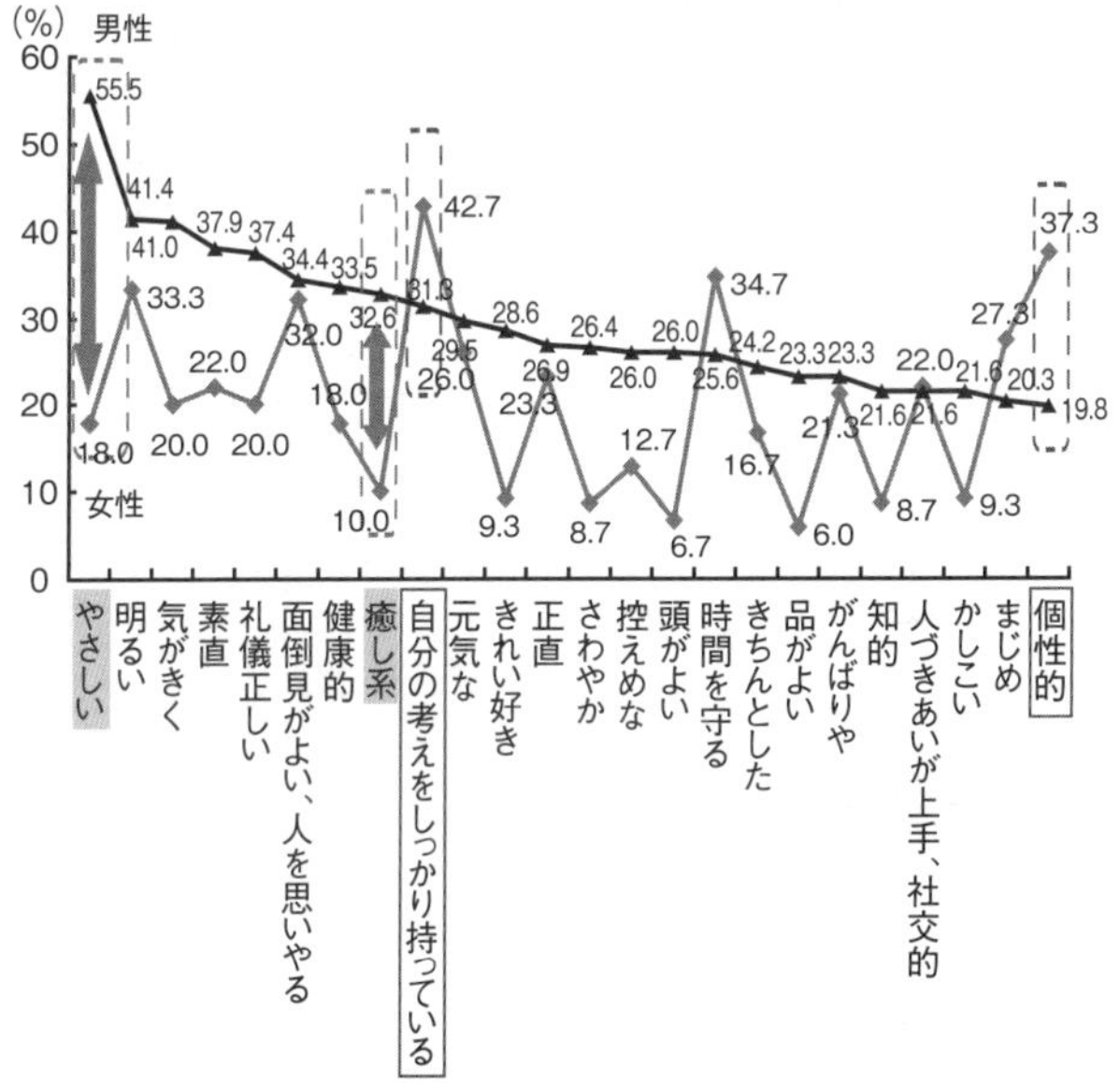

（出典）『下流社会 第2章』三浦展（光文社新書）より
※グラフ中の▢や矢印は著者によるもの

07

交際成功率

女性がバカにするベタなテクは意外なほど効く。使ってみて損はなし！

苦悶の表情が素敵！
許しを乞う姿勢が素敵！
うるっ
その涙目が素敵！
既婚さん
ま、いいか…

女子ウケは気にするな

たとえば、あなたはこういう女性をどう思うだろうか。

朝早いデートで車で迎えに来てもらったとき、手作りのおにぎりや温かいコーヒーを用意しておく。決して、市販のパンやコンビニおにぎりではなく。

喫茶店に入って、男性が頼んだコーヒーが出てきたら、「お砂糖とミルク、お入れしましょうか？」なんてさらっと笑顔で聞き、実際に入れてあげる。

そして、別れ際には女優のような笑顔で、「今日はデートありがとうございました。すごく楽しかったです。ニコッ」。小さなクッキーかチョコレートの小袋をバッグに忍ばせていて、「これ、お腹すいたら召し上がってください」。……

「絶対に友達になりたくない」と思った人も多いのでは？　一般に、仕事を持っている女性は、こういったテクニックを過小評価する。女性でこんなことをやっている人がいたら、あっという間に仲間外れになる。合コンでこんなことをやったら、二度と女の子仲間から呼ばれない。

しかし、オトコは違う生き物なのである。

私は、女性たちにショックを与えるために、セミナーでこの話をしたらすかさず男性の参加者たちに質問するようにしている。

「男性の方、正直に。こんなこと女性にされたら、けっこう嬉しいかも、という人は手を挙げてください」

通常、8割以上の男性がニヤニヤしながら手を挙げる。これは、男性の対象セグメントを問わない。物事を理性的に合理的に判断しそうな理系男子、院卒・一流大学卒の比率がとても高い男性たちであってもまったく同じである。

参加している女性たちはその光景を目の当たりにして、自分たちの思い描く「男性像」とのギャップに「ええー!?」「まじでー!?」「ありえない!」といった驚きの悲鳴を上げる。

この女性たちの悲鳴の心理を分析すると、おそらく次の二通りに当てはまる。

一つは、男をバカにする。

「え、そんなこと効くの、バカじゃないの? そんな男性は相手にしない」

二つ目は、プライドが邪魔をする。

「私、そんなことしてまで……」

だけど、ちょっと待ってください。よく考えてみてください。温かいコーヒーやおにぎりを用意するだけで、「やさしく、礼儀正しく、癒し系で、あなた思い」の女性を、見事に演出でき、将来の二人の家庭の姿さえも想像させてしまうことができるのである。ほんの小さなお土産を渡すことで別れた後も、あなたを思い出させ、印象づけることができる。

それほどまで認識にギャップがあり、なおかつ多くの女性が「そこまでやりたくない」と考えているということは、やっている人がそれだけ少ないということ。そこには大きなチャンスが隠れていると考えないといけない。「戦略」というものは、人が気づいていないところで戦うこと。人がやっていないやり方で戦うこと。

だから、ベタなテクニックは、女性のみなさんが思っている以上に、効くのだ。

ホメホメ作戦は万能

たとえば、『本気で結婚したい人のお見合い活動マニュアル』の著者で、カリスマ仲人おばちゃんこと山田由美子さんも紹介している「ホメホメ作戦」もそうだ。とにかく、褒める。特に相手のこだわりがありそうなところを褒める。

この褒めテクは、デキる女子なら仕事で使っている人も多いのではないだろうか。アメックスで、カードセールスの営業トップだった女性のエピソードを紹介しよう。

アメックスカードの、個別ダイレクトセールスは、羽田や成田、Costcoなどでブースを出し、道行くビジネスマンに声をかける手法。分刻みスケジュールの彼らを立ち止まらせて時間をもらう難易度はすごく高い。

まず、声をかけたその瞬間の好感度は必須である。彼女らのルックスは採用の合否を決める一つの重要要件。でも、それだけでは話を聞いてはもらえない。

彼女はまず、「これは」と思った人の持ち物や身に着けているものを、すばやく観察する。で、人と違うポイントを見つける。アイテムとしては、メガネ、時計、カバン、靴などが定番のチェックポイント。スクラッチカードを渡して足を止めさせているその瞬間に、「素敵な、珍しい時計ですね?」と語りかける。こう言われると、男性はちょっと驚きつつ、「よくぞ聞いてくれた!」とばかりに薀蓄やエピソードを語り始める。

また、社章を着けている人も要チェックだそうだ。わざわざ外出先や出張に行くときまで社章を着けているのは、自分の会社に誇りを持ち、「見て見て」という気持ちが入っていることが多い。これもトークに持ち込む材料になる。

「親密になるためには、答えを出しやすいお天気や『ご出張ですか?』といった一般的な話題に行きがちになるが、『そのひと個人』にフォーカスした話題を見つけられれば一気に壁を飛び越えられる」とは彼女の弁。

プライベートでも観察力のスイッチを

仕事ができる女性は一般的に観察力が鋭い。

だが、プライベートの場や合コンでは、気を抜いてリラックスしているので、深く観察してないし、洞察力のスイッチも入ってない。したがって、褒めどころがうまく見つからない。

もし、仕事のときと同じ観察力や洞察力を、7〜8割でいいからアイドリングさせておいたら、無敵なのではないだろうか。

相手を観察してみる。その行動や発言の背景を考えてみる。裏にある彼なりの哲学や信念、こだわりを見つけて、ちょっとポジティブな言い方で指摘してみる。

恥ずかしさやプライドを捨て、ベタなテクを使えば、かなり効く。やり方がわからない方は、本書の「ベタテク」コラムを参考にお試しあれ。

08

交際成功率

全世界で600万部のベストセラー婚活本『THE RULES』は日本女性の婚活には合わない。

結婚は その国での慣れ親しんだ
形が一番よね!!

男子はガラスのように繊細

「男性に心から愛され、幸せになる」方法として、世界28ヶ国で大ベストセラーになった『THE RULES（ルールズ）』。読んだ方も多いのではないだろうか。

だが、私は、日本の女性の婚活ハウツー本としてはあまりお勧めしない。

この本では、自分を安売りせず、じらせて相手から動くように持っていくべき、女性の側から誘うようなことはよくない、とある。

たとえば「木曜日に誘いの電話が来たら、断ってしまえ」。「突然誘われても、週末が空いているような女じゃないのよ」と、高く見せることが重要だと書いてある。

が、これが成り立つのは、男性が、狩猟系で肉食の場合のみ。アメリカやヨーロッパならうまく当てはまるのだろう。また、銀座のママさんやキャバ嬢であれば成り立つ。お金を払ってまでやってくる肉食系のお客さんたちを相手にしているわけだから、じらすことが効を奏する。

イマドキの草食男子、あるいは、そうじゃなくても、「浮気せず、私思いの人」を求めるのであれば、こんな反応をしてはいけない。「やさしい」男性は、ガラスのような繊細さも合わせ持っている。せっかく勇気を振り絞ってアプローチしてくれているのに、バッサリ切ってしまうことになる。二度と声をかけてくれることはない。

予定がびっしり詰まっているスケジュール帳は、恋愛や婚活の敵である。突然、声をかけられたときのために、予定は極力空けておいたほうがいい。習い事や自分磨き系の予定でびっしり埋まっているというのは、その実りのなさから考えても、最悪である。

ギリギリのタイミングで誘う男

ある女性から相談を受けた。

「男って、なんでデートに誘うときギリギリだったり、突然だったりするんでしょうね?」

彼女は、職場の男性から、わりと近い日にちを指定され、仕事の後に食事ではなくお茶の誘いを受けた。彼から誘われるのは初めて。悪い気はしないものの、その日は先約があり、どうしようかと迷っているところだという。

私の見立てはこうだ。

彼は、「断られる」ことが怖い。あんまり本気度をむき出しにすると、ダメだったときの痛手が大きい。同僚なので、その後も何かとわだかまって、やりにくくなる。なので、いきなり食事に誘うのはちょっと重い。日程も、ピンポイントであれば「たまたまその日がダメだっただけなんだ」と自分を慰めることができる。自分がモテないせいではない。リベンジできる可能性も残せるかもしれない。

なので、彼女へはこうアドバイスした。

「もしその日の先約を重視するのなら、断るのはかまわないが、憎からず思っているなら、対案を示したほうがいい。『○曜日ならどう?』と言えればカンペキ」だ。

自分の敷居はできるだけ下げたほうがいい。そういう意味では、ノリの良さ、というのも好かれる。どうせ合コンに参加するのなら、二次会や三次会にもできるだけ行くべきだろう。本当に仲良くなるためには、一次会だけではまず無理。

身もちの固さはアピールしつつ、しっかり親しくなったほうが次につながる可能性も増える。

09

交際成功率

結婚スイッチが入るときは「自分の病気」と「親の病気」！草食男子には「帰省前の仕込み」が重要。

彼が結婚を言い出さないときには

長い付き合いの彼がいるのに、彼がなかなか結婚を言い出さないという女性も多い。男はどういうときに結婚しようという気になるのだろうか。

オーネットの社内でも議論したことがある。結婚意識が盛り上がるタイミングを狙って広告を打たないと効果は上がらない。「結婚スイッチ」が入るのって、いったいどんなときなのか。意見が一致したのは、「病気のとき」。インフルエンザで高熱でうなされているときや、入院してしまったときなどだ。

マーケッターの牛窪恵さんもあるセミナーでこうおっしゃっていた。

「いいオトコが結婚を意識する場面は二つだけ。自分の病気と親の病気である」と。

堀江貴文氏も、『ホリエモンの恋愛講座　〝本物のお金持ち〟と結婚するルール』(大和出版)でこんな趣旨のことを書いている。

「お金持ちの男性」が弱っているとき、たまたま側に「付き合っている女性」としていればいい。金持ちの男性は、人一倍働いているため、病気などで一時的に働けなくなると不安も大きい。経営者や責任の重いポジションであれば、業績が落ち込んだり予期せぬところで叩かれたり社会的に制裁を受けたりと、背中から切りつけられることもある。そんな、がっくりきている場面でも変わらぬ姿勢でやさしく接してくれる女性がいたら、これは彼にとって代えがたい存在になる。「運命」を感じさせることができる。

もう一つ親の病気もしかりである。病気とまではいかなくても、親や親戚のプレッシャーを受けがちな年末年始や、お盆なども、結婚スイッチが入るとき。実際、オーネットでも、正月明けやお盆休み明けは、一年の中でも最も問い合わせの電話が多い。

結婚を言い出させるハウツー

その時期を狙ってうまく、付き合っている彼の結婚スイッチを入れた例をあげよう。

彼女は、結婚願望が強く、結婚相手には、女性に慣れておらず自分が思うようにデザインできる理系男子を狙っていた。実際に今のご主人も、帰宅が30分遅れるだけで、必ず電話を入れてくれるようなやさしい人。だが、彼に結婚を決意させるまでには手間取ったという。6年間も付き合っているのに、なかなか結婚を切り出してくれなかったのだ。

そこで、彼女が取った行動は、彼が帰省する前に、しっかり自分を刷り込むこと。

たとえば、「一緒に過ごすようになったら……」「一緒にご飯を食べられるようになったらいいね」など、将来をイメージさせるような会話をしておく。

彼は、実家に帰ると「そろそろ結婚しないと」「いい人いないの?」「お見合いする?」……と、さまざまなプレッシャーをかけられる。

そんなとき、彼はその場をしのぐため、あるいは親を安心させるために、ぽろっと「実は……紹介したい女性がいる」と言ってしまうのである。

彼は優柔不断かもしれないが、とってもやさしい人だし、親も彼女も同時に喜ばせたいと思っている。かつプレッシャーにはちょっぴり弱い。だから、親も彼女もハッピーになるなら、このタイミングで踏み切ろうという気持ちになる。

なんと、緻密な計算に基づいたすばらしい戦略ではないか。草食男子を落とすには、実家に帰る前の仕込み。これはかなり効く。

私が聞いたそのほかの成功例としては、友達が次々と結婚していくことを伝えるとか、結婚式場の見学に行き、そのまま空いている日を仮押さえしてしまう(……いまどきの式場では見学者に格安で美味しい食事を提供してくれるらしい)など。

一方、住宅展示場に一緒に行って、さすがに「早すぎ」と引かれてしまった例も。

みなさんも、頭をフル回転させて、策を練り、積極行動に出てみてはいかが。

10

交際成功率

女性からのプロポーズ歓迎は72％。最強のプロポーズの言葉は「私が幸せにしてあげる」。

今の時代の真理を突くフレーズ

煮え切らない彼の結婚スイッチを入れるためにいろいろやった。それでも、まだ彼は「結婚しようと言わない」。そんなとき、ある女性が彼に言ったという決めゼリフはすごい。

「もーいいわ。私が幸せにしてあげるから、結婚しましょ」

これは、考えれば考えるほどに、今の時代の真理を突く、完成度の高いフレーズである。イマドキの男は、常に不安を抱えている。元気な業界も元気な会社も、数年で沈むことはよくある。長期安定なんてありえないということを肌身で感じている。

「草食男子」というのは、別に優柔不断なだけではない。相手の女性のことを気にかけるからこそ、相手の人生に責任を持とうと思っているからこそ、「今の自分や会社の不透明な将来性では、自信を持って結婚しようとは言えないし、受けることも難しい」とプロポーズを自主規制しているケースは多いように思う。

「幸せにしてあげる」という言葉は、別に高飛車でも横柄でもない。「あなたの今の欠点」はもちろん、「今後、発現しうる欠点やリスク（お腹が出るとか、禿げ上がるとか、不運にも職を失うとか……）」もすべて受け入れてあげる、という大いなる母性を感じさせる。

男に媚《こび》を売るわけでも可愛く振舞うわけでもなく、すべてを受け入れることで男子のハートを鷲づかむ。普段から男気ある強い女性が言ってもはまるし、普段はか弱いおとなしい女性が言っても、そのギャップ感でノックアウトされそうだ。無敵である。

この話をブログにエントリしたところ、男女で大きく違う反応があって面白かった。女性は、「プロポーズくらい男からしっかりしてほしい」と非難めいたものが多い。男性たちは、素直に、「これを言われたら効く！」「強烈！」といった反応。ギャップが大きいのである。繰り返すが、ギャップがあるところには必ずチャンスがある。

たしかに女性は「そこまで言えない」「そんなこと言うとあとがこわい」と思う人もいるかもしれない。でも、このセリフのいいところは、その無敵ぶりによって、相手の男性の結婚本気度のバロメーターになりうること。これを言ってもダメなら、それ以上その男に時間を費やすのはムダと、見切ればいい。

週刊「ＳＰＡ！」の調査でも、女性からのプロポーズを歓迎する男性は72％にものぼる。責任感のある男性や、女性の希望を叶えようとする男性、さらに将来の自分や勤め先が抱えるリスクを見通す先見性のある男性ほど、自分の将来を保証なんてできっこない、と逡巡しているのである。このジレンマやつらさを女性はわかってあげてほしい。

女性からのプロポーズ歓迎は72%。最強のプロポーズの言葉は「私が幸せにしてあげる」。

女性からのプロポーズは？

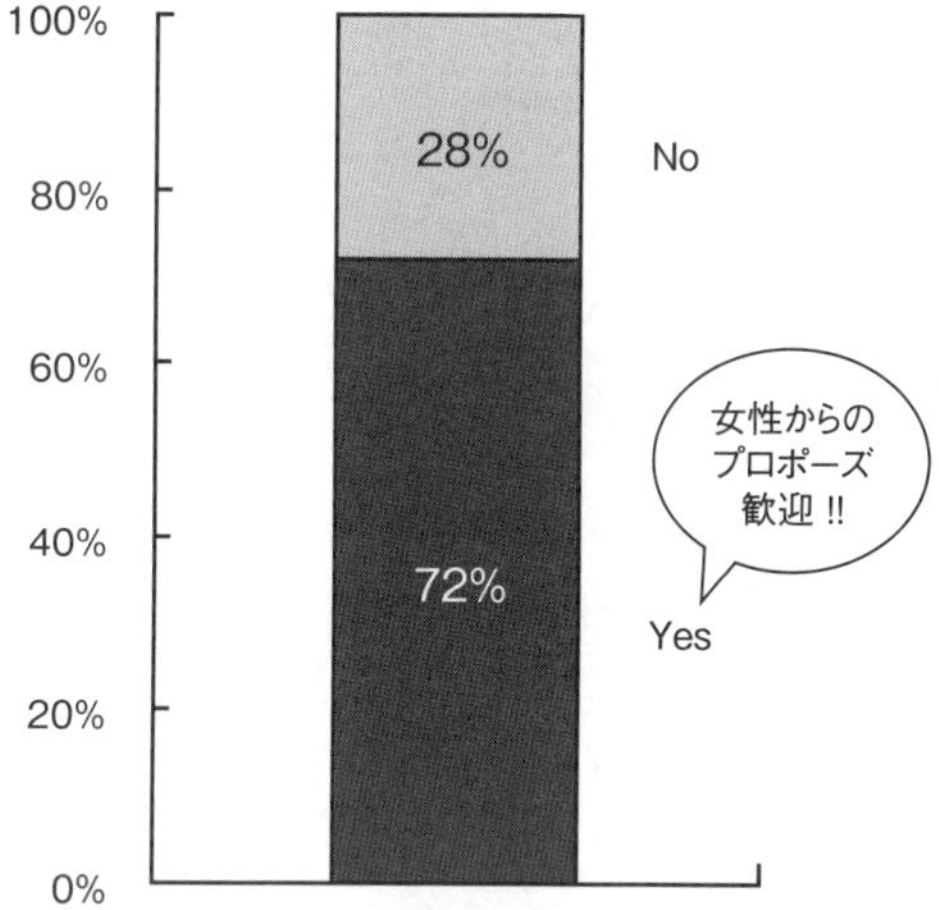

歓迎する理由は…

「断られるのが恐い」

「相手を悩ませてしまうのでは?」

「プロポーズするタイミングが分からない」

「旅行したとき、『平日も毎日こんなだといいね』と言ったのに、

『そうだね』とスルー」


（出典）「SPA!」　2009/10/27号より。20-30代の恋人がいる未婚男女200人アンケートより

11

交際成功率

結局のところ、結婚できない人は「ガンコな人」。

私、どうしても譲れない条件があって…
どういう条件なの？
既婚
NYに住んでる人じゃないとだめなの
NYに行け!!
既婚
ギックく
あうっ

結婚できない人の共通点

よくメディアからの取材で聞かれる。

「結局のところ、結婚できない男性って『低スペック』な人なんですか？」

その場にいたオーネットの熟練アドバイザーが即答。

「条件面じゃありません。ガンコな人」

そうなのである。一例をあげる。女性が男性につける条件はいろいろあるけど、中でも絶対譲れないのは「清潔感」。一方で、女性とのお付き合いに不慣れな男性は（ニワトリと卵だが）、服装や外見に無頓着なことが多い。ボサボサ頭で肩にフケがのっていたり、シャツの襟が黄ばんでいたり（極端な例。オーネットの会員がそうだと言っているわけではないですよ。念のため）。

指摘して「あ、そうなんだ、気をつけます。どんな服にすればいいでしょうかね？」と受け入れられる人は、何とでもなる。お相手が見つかるのは時間の問題。

まずいのは、

「いいんです、僕は外見なんかに惹かれる女性はこっちからお断りです。今の僕を受け入れてくれる人を探してるんです」。これは、つらい。

女性も同じ。相手に求める条件にこだわりすぎて、「こういう人じゃないと」と自縄自縛《じじょうじばく》になってしまうと身動きが取れない。

また、結婚相談所やアドバイザーに対しても疑り深かったり、こちらの言うことを素直に受け入れてもらえないケース。もし彼女の望みどおりのお相手がいたとしても、「お勧めの女性がいるんです」と男性に自信を持って紹介できるかどうか。

占いや風水で決める女性

女性の場合には、ガンコさは相手選びの条件のつけ方や、婚活の姿勢になって現れてくる。

たとえば、「絶対に、お医者さんか弁護士じゃないと困ります」というような場合。たとえ一流大学卒で大企業勤めであっても、頑として譲らない。本当にお医者さんならいいのか、いったいそれで何が得られるのかを考えることもなく、意固地になっているようなことがある。ときには、親御さんがこだわっていて、その意向を汲み取ってご本人があまり深く考えることなく従っているケースも。

あるいは、占いや風水、血液型で条件を決めてかかる、ガンコな女性も多い。「血液型でA型は絶対にダメなんです」と言われると、日本の比率だと4割の男性を相手から排除しないといけなくなる。

プライドが邪魔をして、自分からは一切動かないと決めてかかっているようなケースもある。次の誘いをするのや進展させるのは男性であるべきだと頑《かたく》なに思い込んでいるような場合、なかなか先には進みにくい。ぐいぐい引っ張っていくタイプの男性はとっくに売れているのだから。

こうした指摘をされたときに、自分のこととしてすぐに受け入れ、柔軟に変えていける女性はすぐに決まっていく。こうした心持ちは、相手にもよく見えているに違いない。ガンコな人は、相手から断られることも実は多いから。

そういえば、会社もそうだ。

コンサルティングをやっていて、結果が出る会社とそうじゃないところ。組織風土がガンコな会社は、お金の無駄だからコンサルタントなんか使わないほうがいい。

12

決断力

迷ったら「最初の感覚」を信じる?

女友達への相談には要注意

決断力と裏腹にあるのが、「悩み」や「迷い」ではないか。この「実践篇」の冒頭で紹介した「決められない女性」などはそのいい例。

まず、判断に困ったときにあまりお勧めしないのは「友人への相談」である。

NHKの「祝女《しゅくじょ》」という番組は、20代からアラフォーまでの女性の恋愛・結婚模様を描き出すミニドラマ。そこで紹介されていた言葉が、

「彼氏の価値は、自分の友人からどう評価されるかで決まる」

これは、私にとっては意外だった。男性にはない視点だったから。

ドラマの場面では、ある女性が喫茶店で女友達に新しい彼氏を嬉しそうに紹介している。彼は、爽やかでいい感じ。彼が所用で先に出ていってから、残った女性同士で友人二人が何気なく論評を始める。

「いいよねー、彼。普通に」と一人の友人が言う。

「何それ？　普通って何？」と、いぶかしむ彼女に、友人がたたみかける。「え？　いや、

うらやましいわよ、普通に」「いいよね、普通に」と友人たちは悪気なさそうに、でもしらっと繰り返す。

言われている本人は大いに不満。「『普通』じゃなくってさー、他にもっと言い方はないのー?」。でも、だんだんトーンが下がってきて、「そうかー、彼って普通なのかあ……」。このまま彼への気持ちまで冷めていきそうである。

このように、女性は紹介された彼氏の値踏みをすることで、微妙に足を引っ張り合う。ここでは、「先を越される」感情もさることながら、「仲の良い親友の×ちゃんを一番よくわかっているのは、この私」という一種の嫉妬心が混じっていることも。

もう一つ、重要なポイントは、もし彼のことをほめちぎって背中を押したのに、うまくいかなかったり、不幸な結婚になってしまったときに、「あのときあなたに言われたから……」というリスクは、友人としては取りたくない。「やめとけば?」と言っておけば、その先、幸せになるか不幸になるかは永遠に答えが出ないままだから、責任は生じにくい。

悩みの蔓延

こうして、「この人でいいのだろうか」「もっと条件のいい人がいるのでは」と迷い始めて、どんどん結論を延ばし、結局チャンスを失う人も多い。先に紹介したアラフォー女性の、「もっといい人が出てきたらどうするの?」という発言もその一つの例である。決断に迷ったり悩むというのは、恋愛でもビジネスでも同じこと。

戦略コンサルタントの三谷宏治さんが、『特別講義　コンサルタントの整理術』（実業之日本社）で書いている。

「ホワイトカラーの非効率の原因は『悩み』の蔓延、つまり『悩む』という作業に多くの時間を費やしていることにある」

「まじめなヒトほど、困って悩んでいる」

「悩んでいると、ヒトは深く考えているつもりになるが、実は全く進んでいない」

「資料を作る手は止まり、同僚・友人との雑談に逃避する」

なるほど。これは、自分自身や周りの生真面目なタイプの方が仕事でスタックして止まっているときのはまり方を思い起こしても、とても納得感がある。

日本のホワイトカラーの非効率は、その強みである「まじめさ」が裏目に出てるせいではなかろうか。

これは恋愛や結婚にもぴったりと当てはまる話である。人によっては、仕事面よりも強く当てはまるかもしれない。悩んでもしょうがないのに、いろんなケースを想定しては、くよくよ悩み続ける。悩みが深くなるほど、行動できなくなる。稀に行動すると、その結果について「ああすればよかった」と反芻《はんすう》して、また悩む。「もっとうまくやろう」「よく見せたい」「傷つきたくない」「相手のことも考えて……」と、真剣に考えれば考えるほど深みにはまる。

で、仕事と同様に、動きを止めて逃避する。女性なら楽しいガールズトークや占いへ、男性なら自分の意のままになる「二次元」の世界へ。

迷ったときの解決法

三谷さんが著書でどんな解決方法を提示しているか。いくつか結婚に当てはめてご紹介しよう。

・「こだわるもの」「こだわらないもの」を切り分ける。

→なるほど。結婚ではまさにそのとおり当てはまる。あらゆる「普通」を求め続けて、譲れないポイントが多くなって「あれもこれも」で捨てられない、相手の粗探しをしてしまう人は、なかなか決まらない。
・「決め方」を決める。判断基準を作る。
↓自分でルールを作っておくことで、こだわるにしても動きやすくなる。これもいい案。結婚でいうなら、「欠点を許せるかどうかの自分なりの判断基準」なんていうのが当てはまるかもしれない。
・迷ったら「最初の感覚」を信じる。
↓なんだかんだ言っても、最初の直感は当たっていることが多い。ひょっとすると、単にルックスが好みだったのかもしれない。でも、人間30代以上になってくると「顔」に人間性が多かれ少なかれ現れるものである。迷ったら、最初に戻るのはアリ。
・迷ったら、「よりわからない方」へ進む。
↓これを結婚や恋愛に適用するのは賛否が分かれそうだが、面白い考え方だと思う。リスクテイクできる方なら、試してみると意外な発見があるかも。

「面白さ」「経済力」を優先するか、「誠実さ」「一途さ」を優先するか、決めるべきである。

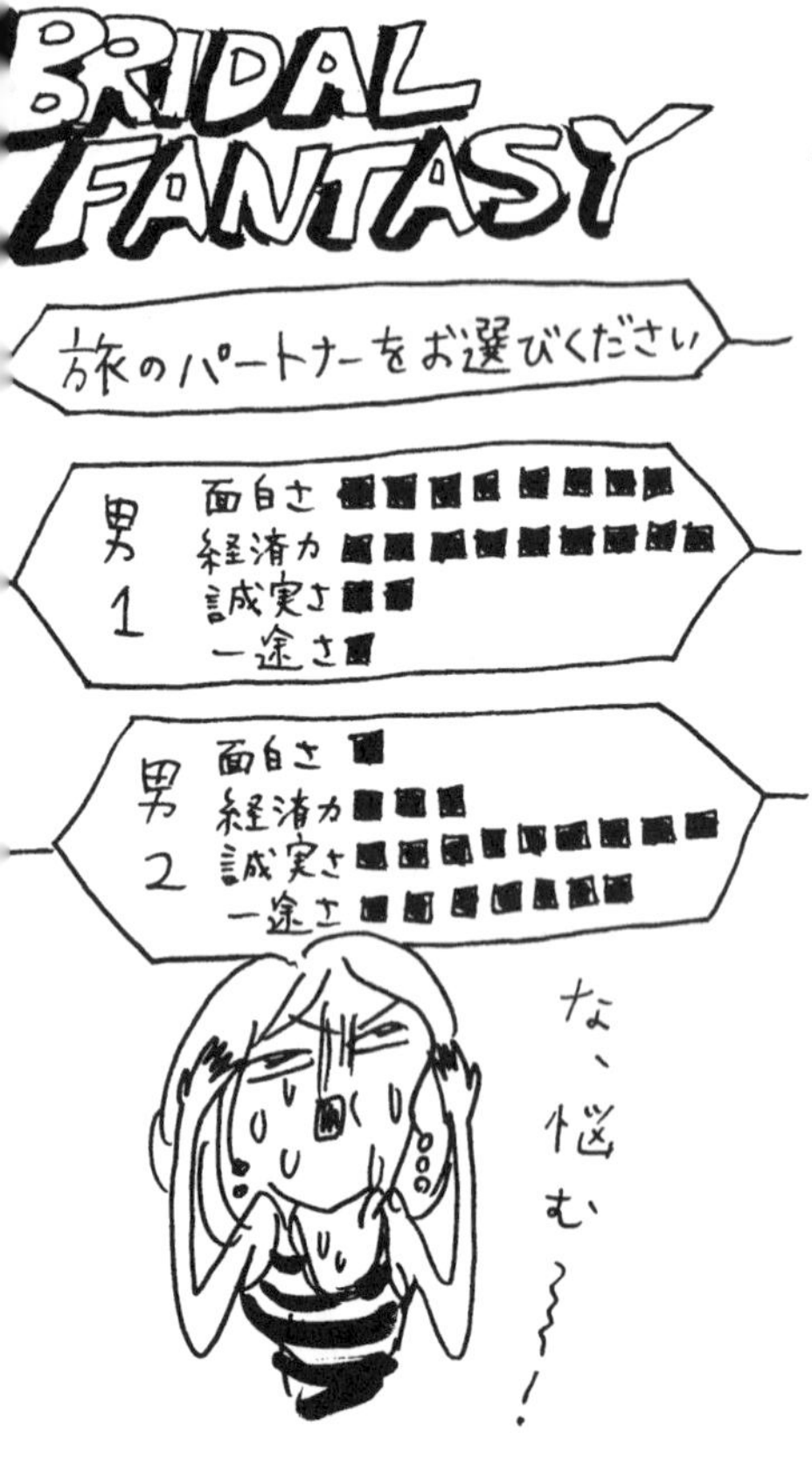

誠実で魅力的な独身男性はどこにいる？

独身男性において、「誠実さ」は極めて希少価値が高い。なぜなら、「誠実な人」は、一度でも本気で交際すると、そのまま年貢を納めやすいから。

ある30代女性が好みのタイプとしてこういう人をあげていた。

「会話をしていて刺激があって、面白い人。そういう人は、きっと仕事もできて、収入も高いに違いない」「でも浮気性は嫌なので、誠実で、私思いでないとダメです」

ふむふむ。そこで、私から質問。

「いままで、そんな独身の人に会ったことあります？」

二つ返事で「ないです」。……

そうだろうなーと思う。

世の中に、面白くってかつ誠実なタイプの男性は、もちろん存在する。年齢層で30代〜40代ならけっこういると思う。ただ、ほぼ既婚者である。

彼らの結婚は、早い。20代半ばで既婚者になっていることも多いと思う。20代半ばの彼らは、まだまだ荒削りだし、今ほどは会話も上手でなく、ウィットもなかったはず。当時のモテる女性たちにとっては「まだまだ子ども」に見えたり、物足りなかったりしたかもしれない。それでも、彼の周りにいた女性の中には、彼にそこはかとない魅力を感じ取りお付き合いが始まり、そのまますんなり結婚……というのは前述のとおり。

実は、ここでのもう一つのポイントは、彼が「誠実である」ということ。

誠実なので、一度お付き合いが深まると、特に理由がない限り、目移りすることも彼女を傷つけたり悲しませたりすることなく、きっぱり腹を括って「責任」を取ってくれるのである。ゆえに、「魅力的で」、かつ「私に一途な誠実な」人というａｎｄ条件を設定した瞬間、30代以降の独身対象候補者数は激減する。結局、何か優先順位をつけなければダメということだ。

都合のいい女になれるか

この議論は、逆側にも当てはまる。極論すれば、すなわち、運良く、経済力が抜群で、社交的で、一緒にいて楽しくて、見かけもいい日那を射止めた場合。この場合は、彼の浮気を許容するだけの覚悟と度量を持っておかないといけないということ。

前述した堀江貴文氏の著書、『ホリエモンの恋愛講座』は、なかなか強烈な内容だが、

「稼ぐ」男性の本質を描いている。

・「浮気」はあたりまえ。どれだけ「見て見ぬふり」ができるか。

→身もフタもないが、これらは紛れもない事実。有名芸能人夫婦でうまく続いているケースを考えても思い当たるのでは？　私自身も、外資コンサル畑のエグゼクティブや、成功した起業家たちを何十人も見てきて、まったく浮気をしていない人というのはせいぜい2～3割くらいのように思う。

これをブログに書いたとき、男女でかなり違う反応が寄せられた。男性は内容について否定する人はほぼおらず、逆に、「オレは稼いでないけど、気持ちはわかる」というコメントが多数。一方女性は、「いかにして、こんなけしからん男を避けるか」という視点。男性から否定の声が聞かれないという事実については、女性の方は目を逸らさないほうがいい。「あー、オトコってそういうもんなんだ」という醒めた視線も、ときには必要。「浮気」を全面的に許容しろ、と押しつけるつもりはない。

もしもあなたが「お金」「稼ぎ」「経済的な安定」を最優先するなら、浮気も許容するのが近道かも、と言ってるだけである。「私に誠実」「やさしい」「子育ても一緒に」を優先するなら、また全然違うアプローチになる。どちらなのかを決めるべきである。

14

決断力

「自然体」でいられる相手とは、自然体で待っていては出会えない。

自然体でいられる相手がいいのよね〜
Natural

同性には刺激を、異性にはやすらぎを

あるグループインタビューで、とても示唆深いコメントがあった。アラサー女性の言葉。

「最近は、同性で付き合う人には刺激を、異性には自然体や、やすらぎを求めるようになった。20代前半の頃は逆だった」

これは、言い得ていると思う。

しかし、この漠然としてつかみどころのない「自然体」とは何なのか。平たい言葉で言い換えてみる。

- 肩ひじ張らずにいられる。背伸びして実体よりも良く見せる必要がない
- 失うものを気にせず、緊張せずにいられる
- ムリして話題を探して意思疎通を図らなくても、わかりあえている

……と、こんなかんじだろうか。

では、こういう仲になれるには、どんなことが必要条件なのだろうか?

たとえば、自分が相手に受け入れられている、という自信ができている。相手のことも

わかっている。物事を考えたり判断する基準やバックグラウンドがある程度似通っており、すでに二人で共有されている。いい加減でいいときはいい加減に、ちゃんと決めないといけないときは決める、という局面ごとの真剣さのレベル感も似てないといけない。

こう考えてみると、「自然体」なる状態を実現するまでの意識共有努力は、一筋縄ではいかない。

また、「自然体でいられる」相手かどうかを見極めるのも、実は容易ではない。

自分が緊張していたり、非日常だったりという場（パーティ、合コンなど）では、自分自身が「自然体」状態じゃないわけで、相手との相性など見極められるわけがない。そうすると、2回、3回は個人対個人で会って緊張が解けてこないと、「自然体状態」を作り出すのは難しい。また、異性とデートするのは何年かぶりなんて局面だと自然体になりようがない。

自然体の生活から一歩踏み出す努力

オーネットの会員でも、半年〜1年と、がーっと活動して、「ちょっと疲れたかなあ」というときに出会った方と意気投合、というのはとてもよくあるパターン。自分自身の肩の力も抜けるのだろう。かつ、そのリラックスが相手にも伝わる。

「あるパーティに参加。疲れ果てて、外のソファーに座っていたとき、『疲れましたね』と声をかけてくれた男性がいました。ほっとした気持ちになり、自然に交際が始まりました。その人がいまのダンナです」

ある成婚女性のコメントだが、これは一つの典型である。

あえて言いたいのは、こうした「自然体」で「ほっとできる」相手が、何もせずに天から降ってくることは極めて稀だということ。やっぱりある程度、何か活動をして、合う人や合わない人、少々は「振り」・「振られ」も経験してから気づく方が多いと思う。

ある、以前からの知り合いの外資マーケティング職の方も、最近、結婚が決まった。

彼女いわく、

「20代から30代前半くらいまでは、結婚にどうしても見栄があった。連れて歩きたい相手、自慢できる相手を知らず知らずに求めていた。でも男性として魅力的に感じる人は、何かしら合わないことがあった。ワガママだし、女性関係もルーズだし。自分が疲れることが多かった」

「30代後半になると、少し自分も弱ってくる。外を連れて歩きたい相手ではなく、家にいて楽しく過ごせる相手を求めるようになった」

で、出会って結婚する彼は、年はまさに一回り下。稼ぎも彼女には及ばないし、「普通に合コンなんかで会ってたら、『絶対ムリ』というタイプ」とのこと。

どうして知り合えたかというと、住んでいるマンションの近所にある行きつけのバー兼レストランで、お互い常連客だった。なので、結婚も恋愛も意識することなく何度も会っているうちに、「実は、ラクかも」という自然体の関係を発見できた……というもの。

彼女は、そのとき、婚活らしい婚活はしていない。合コンも、めっきり行かなくなっていた。でも、少なくとも家の近所とはいえ、常連客が集うレストランには出かけていた。そこにいるお客さんと会話をしていた。これが重要である。

「自然体の生活」から、一歩踏み出す。自然体でいられる相手を見つけたいならば、必須だ。踏み出しさえすれば、必ず何かあると思う。動いてナンボです、みなさま。

ベタテク❹ iPhoneは「惚れさせ力」のバロメーター

さて、またまた、モテる女性Aさんに学んだ話。

会話の流れで、私がiPhoneの画面を見せるために彼女に手渡したとき、彼女の底力を見た。

彼女は、もちろんiPhoneを両手で受け取るのだが、そのとき、こちらの手を上下で包み込むイメージで受け取る。下に添えた手の平が、こちらの手の甲にかなりの面積の広さで接する。

どきっ。……これは、効く。常日頃から、モテる女性のテクを冷静に観察している私ですら、それから数日間、感触が残っていたほど。

後でそのことを話題にしたところ、一緒にいた男性いわく、「それ、わかる！　たとえコンビニのレジでも、手が触れるとドキッとして、その瞬間にスイッチが入る。『お、このコひょっとして気がある？？』なんて思ってしまう」。

一方で、別のバリキャリ系の女性Bさんにも、同じように手渡してみたが、Bさんも落とさないように両手は使うものの、触れるのはせいぜい爪の先が指に「当たる」だけ。これでは、まったくときめかない。Bさんは、「手が触れるのを嫌がる人もいるのでは……」と気遣っていたよう。

たしかに、それはそのとおり。ビジネスマナーとしては極めて正しい意見である。それでも、世の男の大半は、手が触れることで素直に好意を持つ。もし勘違いされてアプローチしてきたら、それはそのとき。丁重に、きっぱりお断りして勘違いを正せばいいだけ。

iPhoneは、女性の「惚れさせ力」のバロメーター。あのサイズや形状、重み、落とすといけないという配慮（と、それに便乗できる女性としての勘）が、「手渡しテスト」にちょうどいい気がする。周りの女子でも、モテる人はきっと自然にそれができるはず。種明かしせずに、試してみてくださいませ。

15

決断力

年齢にかかわらず
バツイチのほうが決まるのが早い。
最後は「惚れ力」が鍵である。

バツイチ女性の成婚スピードが速い理由

意外かもしれないが、オーネットではバツイチの人のほうが、相手が決まって成婚退会していくスピードが速い。一般的には、年齢も未婚の人より上のはずだし、条件としても不利に思える。

それなのに、なぜ早く決まるのか。理由はいくつかある。

・相手選びの基準が明快。何が譲れて何が譲れないかがわかっている。なので、すべてにおいて「普通」の条件を望む人より、門戸が広がり、お相手の可能性が広がる。

・結婚に無限大の理想を持っていない。世の中に完全無欠の人間などいないことがわかっているから、欠点を許すことができる。逆に、相手の良いところを見つけて、ポジティブに評価することができる。

要はバツイチの人は「惚れ力」が高いわけである。

結婚は、相手のことを好きになれることがいちばん重要。振られても、傷ついても、次々と好きになれるならば道は開ける。

一方、未婚歴が長いと相手探しがけっこう難しくなる。「絶対失敗したくない」と考えがちなので、ちょっとした欠点が気にかかる。失うことや傷つくことへの恐怖心があると、本気で好きになることを自分で制御してしまいがち。

なので、乱暴を承知で申し上げると、未婚の方はとにかく一度結婚してみることをお勧めする。ある程度のリスクヘッジさえしていれば、結婚することによって「惚れっぽくなる」ことは、先々の人生の可能性の幅を広げてくれる。

いいところを10個探す

「さすがにそこまでリスクは取れない」という人は、まず「惚れ力」をアップさせる訓練をしよう。

たとえば、「相手のいいところを10個探す」。

メガネがステキ、爪がきれい、指がきれいでもいい。とにかくなんでもいいから10個探す練習をしよう。

一般に欠点に見えるところを逆に良いところと認識できるようになると、さらに強い。口下手で、会話が続かない男性であれば、「でも、誠実で、浮気しなくて、私思いかも」

年齢にかかわらずバツイチのほうが決まるのが早い。最後は「惚れ力」が鍵である。

離婚女性は、惚れ力がつく

離婚後の気持ちは「離婚したことを後悔していない」が84.4%

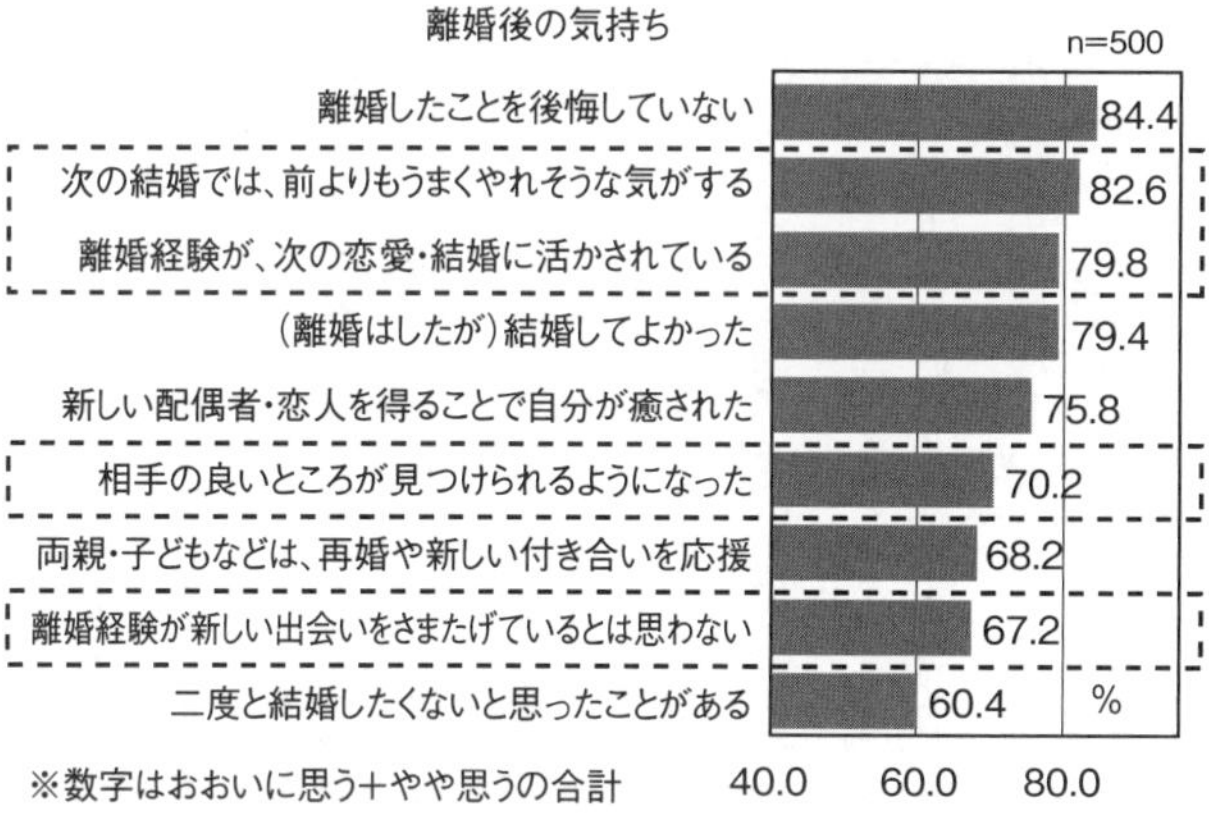

全員(500人)に現在の気持ちについて聞いたところ、79.4%が「(離婚したけれど)結婚してよかった」「そう思う【おおいに＋ややの合計】」と答えた。また、「離婚後、二度と結婚したくないと思ったことがある(60.4%)」と回答しているものの、「離婚後の結婚では、前よりもうまくやれそうな気がする(82.6%)」、「離婚したことが新しい出会いをさまたげているとは思わない(67.2%)」、「離婚経験が、新しい配偶者や恋人とのつき合い方に前向きに活かされている(79.8%)」、「離婚したことで相手の良いところを見つけられるようになった(70.2%)」と、離婚経験を前向きに捉え、次の結婚に活かしている姿が窺える。さらに、84.4%が「離婚したことを後悔していない」と答えている。

(出典)ことぶき科学情報(オーネット)

というように。

あるテレビ番組で、成婚率が非常に高いカリスマ「お見合いおばちゃん」を取り上げていた。その秘訣を聞かれ、彼女が答えていたのが、お見合いの終わった当日に、女性に電話をかけるときの会話のコツ。

「今日のお相手、どうだった？」と、オープンクエスチョンでは聞かないのだそうだ。

「どうだった？」と聞かれると、女性はあらかじめ準備していた断り文句を口にする。

「いい人なんですけど……」。何か気に入らないポイントがあって、それを断りの理由としてあげてくる。

そうではなく、「今日のお相手、どこが良かった？」と聞くのである。うまく断ってしまって気が楽になろうと思っていた女性は、意表を突かれる。

「どこかあるでしょ？」「え？　え？　そういえば……こんなところが良かったです」

その瞬間、女性はモードが切り替わる。欠点探しから良いところ探しに。これが、「惚れ力」磨きの最初のスイッチである。

もう一つ、面白い見習うべきエピソード。

あるモテる女性が言っていた。「好きな男性のタイプはあるの？」という質問に、

「別にないの。わざわざ『こんなタイプがいい』なんて考える必要もないし、宣言するのもよくない。だって、人からの紹介が減っちゃうし、自分で言ったことに自分が縛られちゃうでしょ」

そりゃそうだ。せっかくポテンシャルのある出会いがあっても、「あ、ダメ、この人タイプじゃない」とバッサリ切ってしまうと、そうそう簡単に恋愛感情に発展するわけがない。

同様に、「相手に、これだけは譲れないものは？」と聞かれても、

「うーん、それもないのよね。自分で間口を狭めるだけ。どんな欠点があっても、埋め合わせるものがあればかまわない。相手しだいでケースバイケースと思っておけばいいのよ」

ポイントは「あんまり考えず、五感で感じること」だそうだ。深い。かつ、正解。

このマインドセットを持つだけで、チャンスはどんどん広がるであろう。それは相手にも伝わる。「オレは、彼女の恋愛対象なんだ」ということは、しっかり伝わるものだし、伝われば相手も心を開いて近づいてくる。

ＯＫラインは65点に設定

よく似た文脈で、「OZ plus」の記事でとてもいい考え方が紹介されていた。

「会った男性で、次に進むかどうかのＯＫラインを、65点に設定する」

これは、いい線をついている。相手の男性の洋服のセンスがイマイチとか、減点ポイントはいろいろ目についたとしても、100点満点中で65点をつけられそうなら、付き合ってみる。70点と設定しないところがいい。70点だと、なんだかんだ言ってかなり合格点に近いところを求めてしまいそうだ。のび太も、70点を取って帰るとママに褒められてたと思う。50点だと「うわ、きっつー」となって、会う気を失うかもしれない。なので、65点。

もう一つ、この考え方には良い点がある。減点余地よりも加点余地のほうが大きそうなところ。65点に15点が載ってきて80点になれば、もう結婚は目の前である。

結婚できる人の最大のポイントは、年齢でも容姿でも才能でもなく、「惚れ力」。

そして、それは自分で意識して高めることができるのである。

年齢にかかわらずバツイチのほうが決まるのが早い。最後は「惚れ力」が鍵である。

ベタテク

❺ 弱みテク

美人は得だと思われがちだがそんなこともない。こんな話を聞いた。とある外資金融機関の、女性営業バンカーは超美人。身のこなしも話術も笑顔もすばらしい。彼女のボスは、「営業にルックスは重要」というポリシーの持ち主で、「彼女なら、クライアントの公的機関や地方金融機関の運用責任者もいちころだ」と思ってるそうだが、実はそうでもないという。

クライアントの偉い人は、こう受け止める。

「こんなキレイな子は、他の客先でもかわいがられてるに違いない。いい客をいっぱい持ってて、ちやほやされてるんだろうなあ。別に無理にオレが商品を買ってやらなくてもいいか」

その結果、もう少し地味な感じで人見知りしがちな女性営業担当者のほうが、がっちり顧客をつかんでいたりする。

「オレがいくらか運用してやらないと、きっと困るんだろうなあ。口下手だし、愛想を振りまくのも苦手そうだし」

これは示唆に富む話である。

要は、「あなただけよ」感、「こんなこと、あなたにしか頼めないんです」感が、重要なのだ。男性は入り口では、ルックスに惑わされるが、実は「助けてあげてる」「頼られている」という、自分の存在意義を感じる満足感に最も弱い。

これは、オトコの本能である。

しっかりしている女性は「この人は、オレがいなくても大丈夫」という印象を与えやすい。思い当たる人は、あえて、鎧を脱ぎ、弱みを見せ、不安を口にしてみてほしい。素面では無理なら、前述の「お酒を武器」に使ってみてもいい。ただし、相手と2人っきりのときに。普段と違う姿を見せられると、オトコは弱い。「こんな弱い自分を、オレにだけ見せてくれるんだ！」と意気に感じる。「守ってあげなくては！」という気持ちが芽生える。

これは年下男性や部下の男性を口説くのにも使える！

16

決断力

運命はやっぱり自分でつくるしかない。

すみません
ポチが気に
入っちゃった
みたいで…
今だ!
惚れ〜
スーパー

結婚はタイミングか？

私が担当したグロービス経営大学院のあるクラスで、受講生同士の結婚が決まった。男性は仕事で間もなくサウジアラビアに赴任することになっていた。外出で肌を出せない、お酒ダメ、豚肉ダメ、など制約だらけで、「大変ですね」と話していたところだった。

「つくづく、結婚ってタイミングですね」と彼。

たしかに結婚に勢いとタイミングは重要。でも、チャンスをもたらす行動力と、タイミングを逃さない決断力はもっと重要。勢いやタイミングは、背中押しの材料に過ぎない。

二人の出会いを聞いていると、「運命的」な瞬間はたくさんあった。それぞれがグロービスに通ってみようとしたきっかけ、土曜日午前の同じクラスを選んだこと、クラス以外の少人数の勉強会に出ていたこと、帰りの方向が同じで、一駅だけ一緒に乗ったこと……いずれが欠けても、このカップルは生まれていなかった。

でも、みんな後付けの解釈。グロービスに行ってみる、勉強会に出てみる、その後も食事に行ってみる、ダメかもしれないけど個別メールで誘ってみる。半歩、一歩踏み込む行動が運命をつくり出す。

もう一つ、自らの決断の積み重ねが運命を切り開いたケースをご紹介。

その女性は、かなりのキャリアをお持ちの方だった。オーネットに入会し悩みながら活動していたが、7ヶ月目くらいのとき、アドバイザーのところに「私、決めました！」と連絡があった。結婚が決まったのかと思いきや、「いいえ、いろんな方に会ってみて、私には結婚が向いてないってわかりました」との答え。「これで迷うことなくNYに行けます」と、単身でNYに赴任されたそうだ。

たしかに、悩み続けて時間を過ごすよりも、半年くらい集中して動いてみて、自分を見出すというのは大いにアリ。後悔しないために思い切りやってみて、前向きのエネルギーに転化するわけで、キャリア女性らしい選択だと思う。

ところが、この話には驚くべき、落ちがある。

彼女は、単身NYに渡り、バリバリと仕事していたら、オーネットで出会っていた男性のひとりに、偶然再会。そして、交際が始まり、子どもまで生まれて帰国（！）。

まさに、事実は小説より奇なり。

こんなドラマのような「運命的な出会い」も、もとはといえば彼女の決断力と行動力の賜物。やっぱり運命は、自分でつくるしかないのである。

ベタテク

❻「私、加齢臭が好きなんです」

ある広告代理店の方たち（全員男性）が、ある飲み会でノックアウトされたという話。

参加していた派遣社員の女性が、途中で、「私、実は、加齢臭が好きなんです……」と言い出して、身体を捻って、隣に座っている男性の片方の肩に両手をかけ、首筋に顔を寄せて「くんくん」と匂いをかいだそうな。

それを全員に順番にやっていって、全員が「惚れてまうやろー!!」とばかりに、打ちのめされてしまったそうだ。男性は、女性の身体を捻らせた動きにも弱いといわれている。その複合技を喰らって、その夜はみんな妙に気分が舞い上がってしまい､痛飲したとのこと。

すごい。女性には慣れているはずの広告代理店の男性全員を手玉に取ってしまうこの女性、おそるべし。iPhone の手渡し方のコラムでも書いたが、男性は女性のスキンシップにはことのほか弱い。

その場には、社員の女性も何人かいたらしいが、その彼女はどう見られるかなんて気にしない。彼女が失うものは何もない。女子ウケなんか関係ない。そう、失うものがない人は強いのである。

「そんなのできっこないじゃん！」という働く女性の方。さすがにここまでやるのは難易度が高そうですね。では、こんなのはどうでしょう？

ある男性の発言。「手相を見てくれるのはよくあるんですが、ある女性に生命線をつつーっとなぞられたとき、『ぞくぞくっ』としちゃいました」

このくらいなら、ハードルも低いのでは？

もし女子に嫌われるのがどうしてもイヤなら、女子がいないところ、見てないところでこっそりと。女性は生来、男性よりはるかにそういう使い分けはうまいので、大丈夫。

結婚さえすれば、いつかは力関係は逆転するのが世の常。特に、子どもができてしまえば母親の力は絶大。男性は決して逆らえなくなる。

ちなみに、独身男性がこれを読んで「それ見たことか」と内にこもるのは良くないので少し解説する。これらの皮肉っている事例の傾向として、哲学者や戯曲家など、文化的活動分野で名をなしている人が多い。ある意味「オタッキー」な人たちなので、女性や家庭もすこし斜に構えて見ている感じ。「ホントはけっこう幸せだけど、正面から認めたくない」人たちである。

一方、「のろけ」側の格言は、実は夫婦仲のいい海外でもあまりたくさんの事例はない。

目立つのは、「私の業績の中で最も輝かしいことは、妻を説得して私との結婚に同意させたことである」（ウィンストン・チャーチル）など、実業や政治の世界で成功している人が結婚への満足度が高そうであるということ。

リア充（リアルの生活が充実している人のこと）とシアワセな結婚は表裏一体、ニワトリと卵ということが言えそうである。どちらが先にくるかではあるが、結婚を先にして、夫婦の支え合いで「リア充」になるように人生やライフスタイルを変えていく、というのはとても前向きな姿勢に感じます。

ベタテク❼ こんなベタテク使って、大丈夫か? オトコはつけあがらないのか? 後々、でかい顔をされないか?

その点は、心配ご無用。大丈夫！

男性が結婚について、奥さんについて、どう思っているか、どんな感想を持っているかについての格言を、古今東西の事例から拾ってみた。セミナーで紹介するといつも爆笑の渦になる。

「すべての悲劇というものは死によって終わり、すべての人生劇は結婚をもって終わる」（バイロン）

「結婚とは、熱病とは逆に、発熱で始まり、悪寒で終わる」(リヒテンベルク)

「結婚するとき、私は女房を食べてしまいたいほど可愛いと思った。今考えると、あのとき食べておけばよかった」(アーサー・ゴドフリー)

「結婚は雪景色のようなものである。はじめはきれいだが、やがて雪解けしてぬかるみができる」（山本有三）

「独身者とは妻を見つけないことに成功した男である」（アベ・プレヴォー）

いずれも身もフタもない辛らつな言葉を連ねた嘆きようである。

ここからいえることは、「男性は、みな嘆く。すなわちみな奥さんには弱い」ということ。だから、女性のみなさま、安心して結婚前は甘いささやきで男性を気持ちよくしてあげてください。

エピローグ

幸せ実感率は、既婚者のほうが16％高い。

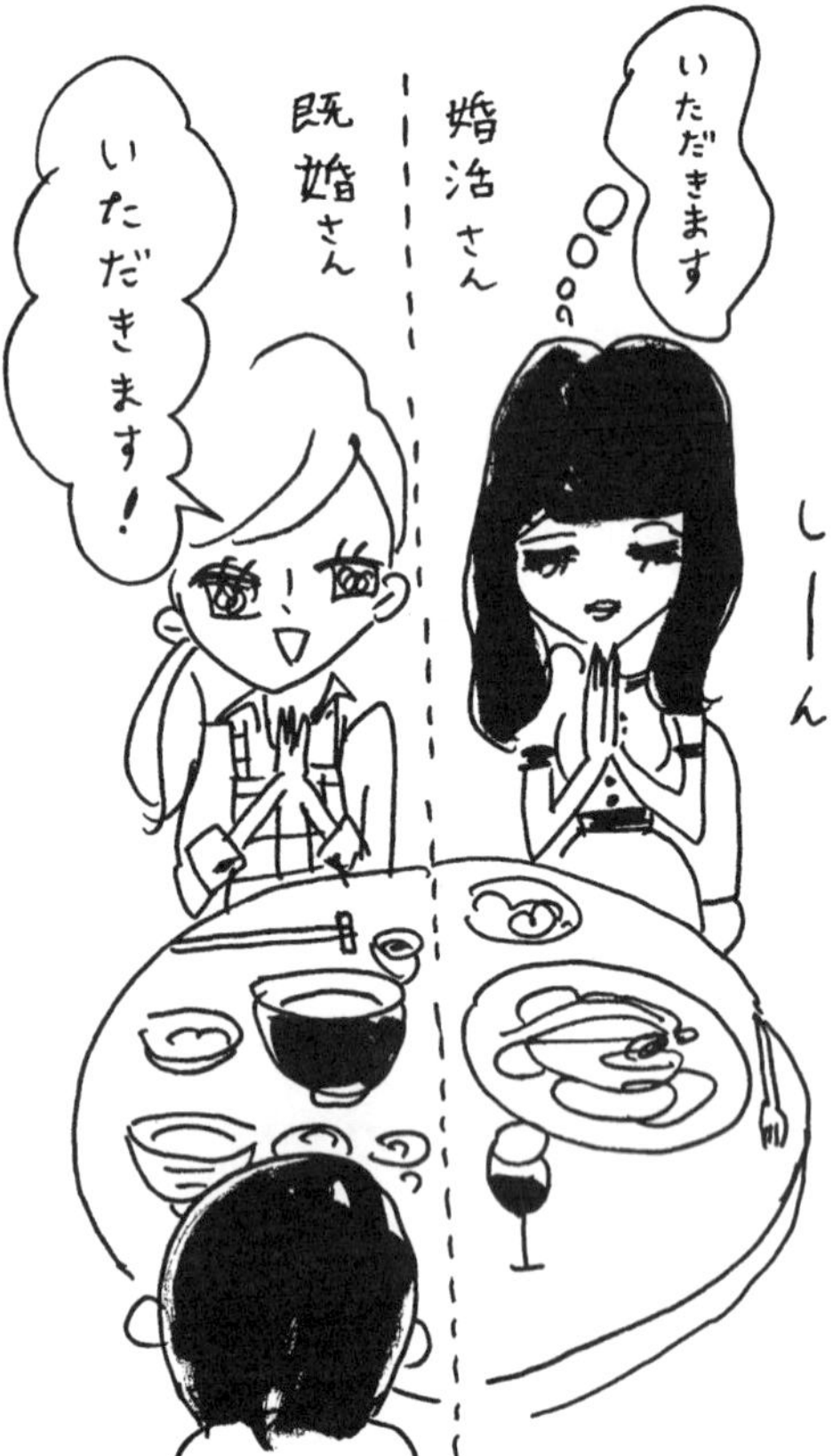

しーん
いただきます
婚活さん
既婚さん
いただきます！

大富豪とマサイ族の人生満足度の差は0.4

幸福の感じ方は人それぞれである。ここに面白い調査結果がある。

大富豪の人生満足度は5.8、マサイ族は5.4で、その差わずか0.4。決してお金だけが幸福を決めるわけではない。

マサイ族の部族内のつながりや家族といった共同体は、幸福度を高めるのに大きく貢献しているのかもしれない。大富豪の場合、近寄ってくる人がすべて金目当てに見えて猜疑心が強まったり、家庭が不和になったりすることも多いだろう。日本のIPO長者でもよく聞く話である。インドのスラム街居住者とカリフォルニアのホームレスでは、金銭的な貧乏さでは大差はないはずだが、おそらく家族がいないであろう後者のほうがはるかに満足度が低いことからも、同じことが言えるかもしれない。

この調査は、他の対象セグメントでも興味深いポイントがある。最下位に来るのは金銭的にはある程度稼いでいるかもしれないデトロイトの性的職業従事者（平たく言うと売春婦）である。

ちなみに国民性も影響が大きいようで、ラテンアメリカは物事にポジティブなので幸福度が高く、日本や韓国は物事を悲観的に捉える傾向があるので、経済力に比して幸福度が低めに出がちともあった(Measuring Empowerment: Deepa Narayan-Parker)。

誰にとっても「幸せ」な状態、絶対的な幸福はない。砂漠でさまよう人にとってのコップ一杯の水。ビル・ゲイツやウォーレン・バフェットにとっての1億円のキャッシュ。どちらがどう幸せだろうか。結局のところ、自分の感じ方の問題なのである。

結婚は幸福感に影響するか

が、少なくとも家族や共同体とのつながりが、幸福度に影響しているとはいえそうである。たとえば、日本の調査では、既婚者のほうが16%も幸せを感じる率が高いという(電通総研ウェルネス1万人調査、2008年)。

この理由はいろいろ考えられるが、既婚者は、何気ない日常に幸福を見出せるようになっていることも大きいかもしれない。

たとえば、オーネットと広告代理店マッキャンエリクソンとの共同企画で一般に募った「幸せな結婚」のキャッチコピーを見てみよう。

幸せ実感率は、既婚者のほうが16%高い。

女性20代〜30代「幸せ実感」率

未婚か既婚かで、「幸せ」「不幸せ」の実感度に明白な違いあり

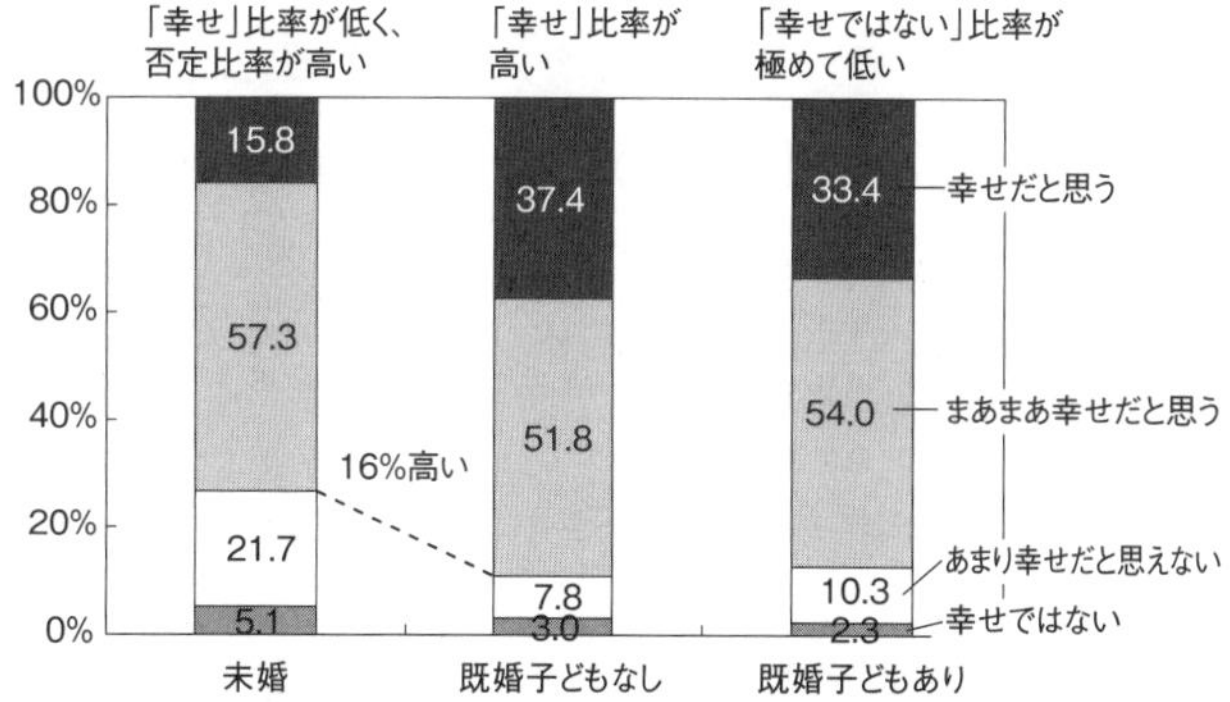

（出典）2008年電通総研ウェルネス1万人調査、『いま20代女性はなぜ40代男性に惹かれるのか』
大屋洋子（講談社＋α新書）より

セグメントごとの人生の満足度比較

大金持ちとマサイ族の満足度にはほとんど差がない

セグメント	満足度
Forbes上位の最も裕福な米国人	5.8
マサイ族（ケニア）	5.4
イヌイット（北グリーンランド）	5.1
イリノイ州の看護師	4.8
イリノイ州の大学生	4.7
カルカッタのスラム街居住者	4.4
ウガンダの大学生	3.2
カルカッタのホームレス	3.2
カリフォルニア州のホームレス	2.8

「とても満足」（7）から「とても不満」（1）

（出典）Measuring Empowerment, Deepa Narayan-Parker (World Bank Publication, 2005)

「トントントンと妻の軽快な包丁の音で目が覚めるシアワセな結婚生活」

「家族3人、川の字で寝る。それがシアワセな結婚！」

「『ただいま』の声を毎日ひとりじめできること。それがシアワセな結婚。帰宅の足音を聞くだけでそわそわしちゃうなんて結婚前は思いも寄らなかったこと」

「Twitterよりも、つぶやいた後に拾ってくれる相手がいること、シアワセな結婚」

「向き合うとぶつかる。だから、並んで歩く。シアワセな結婚」


どれも、それ自体はたいしたことではない。でも、赤の他人とであれば無味乾燥であることが、「幸せ」という意味を持ちはじめる様子がうかがえる。結局、何に対して「幸福」を求めるか、感じるかに尽きてくるのだろう。

一つの提案をしたい。

「たくさん稼いでくれて」「見栄えも良くて」「性格が良く」「私にやさしくて」「家事も手伝ってくれて」……すべて、共通点がある。これらはみな、「あなたを」幸福にしてくれるかもしれない。でもこれらは、長続きしないし、とても不安定である。相手が満たしていた条件面が変わった瞬間に（失業する、失脚する、体型が崩れる、浮気する……）、すべてが瓦解しかねない。相手のことなので、こちらではコントロールできないことだったりするので始末が悪い。

考え方の角度をちょっと変えてみてはどうだろうか。男も女も、相手を、家族を、幸せにして「あげる」こと、そこに「幸福」を見出せはしないだろうか？　自分の存在意義をそこに見つけたとき、世界の見え方や相手の見え方が変わりはしないか？

ある既婚者の女性が「相手だけではなく、相手のご両親や家族みんなに歓迎してもらった。私を必要としてくれる人が一気に何倍にも増えた。予想外のシアワセ」と言っていたのは印象的だった。

何よりもいいのは、これらは自分の考え方や受け止め方一つで制御可能だということ。自分の考え方で、自分の手で、自分の気の持ちようで「幸せ」になれるからである。

参考文献

山田昌弘『少子社会日本　もうひとつの格差のゆくえ』岩波新書、2007年
山田昌弘・白河桃子『「婚活」時代』ディスカヴァー・トゥエンティワン、2008年
山田昌弘『結婚の社会学　未婚化・晩婚化はつづくのか』丸善ライブラリー（新書）、1996年
佐藤博樹・永井暁子・三輪哲『結婚の壁　非婚・晩婚の構造』勁草書房、2010年
エレン・ファイン＋シェリー・シュナイダー『THE RULES　理想の男性と結婚するための35の法則』ワニ文庫、2000年
堀江貴文『〝本物のお金持ち〟と結婚するルール　ホリエモンの恋愛講座』大和出版、2010年
にらさわあきこ『必ず結婚できる45のルール　3ヶ月でパートナーを見つけたいあなたへ』マガジンハウス文庫、2009年
牛窪恵『「エコ恋愛《ラブ》」婚の時代　リスクを避ける男と女』光文社新書、2009年
森川友義『なぜ日本にはいい男がいないのか　21の理由』ディスカヴァー携書、2007年
佐藤留美『結婚難民』小学館101新書、2008年
三浦展『下流社会　第2章　なぜ男は女に〝負けた〟のか』光文社新書、2007年
大久保幸夫・畑谷圭子・大宮冬洋『30代未婚男』NHK出版生活人新書、2006年

吉良友佑『お見合い1勝99敗』PHP新書、2010年
白河桃子『あなたの娘や息子が結婚できない10の理由』PHP研究所、2009年
マッキャンエリクソン『オトコの仮面消費』翔泳社、2009年
梅森浩一『結婚する技術』ディスカヴァー・トゥエンティワン、2005年
白河桃子『セレブ妻になれる人、なれない人』プレジデント社、2010年
西田昌史『3カ月で結婚できる　おとこの婚活本。』ダイヤモンド社、2010年
大屋洋子『いま20代女性はなぜ40代男性に惹かれるのか』講談社+α新書、2009年
山田由美子『本気で結婚したい人のお見合い活動マニュアル　ここまでやるか カリスマ仲人おばちゃんが放つ婚活必勝バイブル』飛鳥新社、2008年
出口治明『「思考軸」をつくれ　あの人が「瞬時の判断」を誤らない理由』英治出版、2010年
橘玲『残酷な世界で生き延びるたったひとつの方法』幻冬舎、2010年
三谷宏治『特別講義　コンサルタントの整理術』実業之日本社、2010年
鈴木秋悦『今日の不妊診療』医歯薬出版、2004年
「an・an」2010年11月10日号　2010年2月24日号
「SPA!」2009年10月27日号　「OZ plus」2010年9月号

あとがき

「へぇー、こんなにいい感じの女性ばっかりなんだ！　独身だったら入会したい！」

　これが、私がオーネットに入ってすぐに、女性会員さんを集めたグループインタビューをしたときの第一印象。結婚に対して、真摯《しんし》にマジメに向き合おうとしているけど、ガツガツしているわけではなく、日頃の生活では出会うことのない相手との出会いをポジティブに捉えている方が多いのがとても印象的だった。別に彼女らは、モテないわけではない。単に、職場に独身男性がいないなどの理由で出会いの機会が少ないだけなのである。

　実際に婚活ビジネスに入って初めてわかったこと、気づいたこと、考えたことをまとめて、「ニッポンの婚活事情」と称して社外の友人・知人たちなどにプレゼンするようになると、これが、思いのほか「ウケる」ことが判明。嬉しいことに評判が広まって、いろんな会社や外部の講演などに芋づる式に声がかかって呼ばれるようになった。

　その勢いで、ブログ「ニッポンの婚活ビジネス最前線」を始めた。「結婚」「婚活」という素材の汎用性の高さや、すそ野の広さに救われ、今のところ日々更新するトピックには事欠かずに1年半ほど続いている。

そんな活動を通じたくさんの独身者の方たちと話しているうちに、見えてきたこと……。

それは、みな、あまりにも結婚のことを戦略的に考えていないということ。結婚する気があるのに何も起きない自分の状況について、どうしてなのかわからず、そのことを誰かとじっくり話し合っているわけでもないこと、である。

「結婚しない」と決めている人ならば、それはそれでかまわないと思う。でも、そうでないにもかかわらず、突き詰めて考えたり、具体的な行動をしていない人が大半なのである。

みな、「いつかそのうち……」「落ち着いたら……」「まだいいかな……」とぼんやりと思っているに過ぎないので、しっかり考えたことがない。いまどきヒマを持てあましている人は少ないので、考えてなければ行動に移すわけがない。でも時間は止まってくれない。年をとると、いろんなしがらみや制約も増えてくる。

なので、私の気づきや知っていることを、少しでも多くの人に伝えたいと思うようになったわけである。

結婚を、運命任せにしてはいけない。

本書で、「運命は、自分でつくる！」と書いた。これは結婚に限らず、すべてにおいて通用するルールだと思う。一見、偶然のように見える出会いの前には、必ず、自分自身が運命をつくるべく行動しているのである。

この本ができたのも、いくつもの縁や偶然が積み重なっている。

「この講演内容なら、本になりますよ！」

そう言ってくれたのが勝間和代さんのビジネスパートナーである上念司さん。彼は私が勤めていた銀行の後輩。面識がなかったが、共通の知人の紹介で出会った。そして上念さんにご紹介いただいたのが、今回編集を担当してくださった文藝春秋の井上敬子さん。偶然にも、同じ大学の出身、同じ学年で共通の友人もいて、本の話もとんとん拍子に進んだ。

もちろん、これも偶然だけでは物事は進まない。それまでの外での講演や意見交換会で蓄えてきた原体験、自分の考えを文字にして整理し昇華させておくためのブログ、毎日更新することによって鍛えられる文章作りのスピードなど。私にとって、偶然の出会いを一冊の本として結実させるだけの下ごしらえは、ある程度できていたわけである。

キャリア形成でよく言われる「Planned happenstances（計画された偶然性。キャリア形成は事前に予測不能であり、起きる偶然をいかにモノにしていくか）」と似た話。運命の女神は前髪しかないので、通り過ぎる前に捕まえないといけないのである。

この本を書くにあたって、感謝したい人たちがたくさんいる。まずは家族に感謝。土日なのにいつもPCを開きっぱなし、キーボードに向かいっぱなしでも、文句一つ言わずに好きにさせてくれた妻と、息子大樹。本来は帰省する年末年始にも東京に残って執筆することを快諾してくれた両親。いつもアイディアや気づきをたくさん与えてくれるオーネットの同僚たち、文社のみなさん、会員さん、グロービスの受講生の人たちなど、直接・間接にお世話になった方は数えきれない。この場を借りて、深く御礼申し上げたい。

この本を手にとって、少しでも何らかの影響を受け、行動が変わる方がいて、幸せな結果に結びつく方がいらっしゃったら……。

そんな、次なる偶然の連鎖を期待して、筆を置きたい。

ではまた。

２０１１年４月

西口敦

西口《にしぐち》 敦《あつし》
楽天グループの結婚情報サービス大手である株式会社オーネットのマーケティング部長。1968年香川県生まれ。東京大学法学部卒業。外資コンサルティング（A.T.カーニー、ボストン　コンサルティング　グループ）や金融業界（長銀、アメックス、UBS）を経て、少子化にストップをかけるべく結婚情報サービスへ転身。婚活最前線での日々の気づきを記した『婚活ブログ　ニッポンの婚活ビジネス最前線』（http://plaza.rakuten.co.jp/anishi01/）が、人気。グロービス経営大学院客員准教授。

普通《ふつう》のダンナがなぜ見《み》つからない？

2011年5月15日　第1刷発行

著者　西口《にしぐち》 敦《あつし》
発行者　藤田淑子
発行所　株式会社　文藝春秋
〒102-8008　東京都千代田区紀尾井町3-23
電話　03-3265-1211（代）

印刷所　図書印刷
製本所　大口製本

 ISBN978-4-16-374060-7